1000 autres questions Coke ou Pepsi à poser à tes amies !

EST-CE QUE TES AMIES ET TOI AVEZ TANT DE CHOSES EN COMMUN ?

Es-tu
coke
ou pepsi? 2

Édition originale publiée par
Fine Print Publishing,
écrite et illustrée par Mickey Gill et Cheryl Biddix.

© 2007 by Mickey Gill

www.coke-or-pepsi.com

Dépôt légal: 2e trimestre 2009
Bibliothèque et Archives nationales du Québec
Bibliothèque nationale du Canada

Gouvernement du Québec
Programme de crédit d'impôt pour l'édition de livres
Gestion SODEC

Traduction: Catherine Girard-Audet
Couverture et mise en pages: Marie-Claude Parenteau

© Éditions Goélette, 2009

Imprimé en Chine

ISBN: 978-2-89638-447-1

Prête ce livre à toutes tes amies.
Chacune d'elles devra répondre
à des questions super cool !

Tu y trouveras des questions tantôt sérieuses,
tantôt drôles, qui te feront
découvrir plein de
choses à propos
de tes amies !

Empruntes-tu les
vêtements de tes amies ?

○ Ben ouais!   ○ Tellement pas!

L'amour est: ○ merveilleux
○ cruel   ○ compliqué

1. Je m'appelle : _____

2. J'aimerais m'appeler : _____

3. Est-ce que tes parents t'ont déjà fait honte ? ☐ **C'est clair !** ☐ **négatif !**

4. De quelle façon t'ont-ils fait honte ? _____

5. Avec quelle célébrité aimerais-tu changer de place ? _____

6. Si tu pouvais inventer quelque chose, que choisirais-tu? _____

7. Combien de dents as-tu ? _____

8. Te blanchis-tu les dents ? ☐ **Oui**, avec les produits vendus à la pharmacie
   ☐ **Oui**, chez le dentiste ☐ **non**

9. Combien de fois par jour te brosses-tu les dents?_____

10. Les règles sont faites pour : ◯ Être respectées
    ◯ Établir une ligne de conduite ◯ Être enfreintes

11. La pire erreur que tu aies faite du point de vue vestimentaire?_____

12. La chose qui t'énerve le plus à propos de l'école?_____

13. La chose que tu préfères à propos de l'école?_____

14. Fais-tu de l'exercice physique ? ☐ **C'est clair !** ☐ **négatif !** ☐ **Des fois**

15. Si tu as répondu oui au #14, quel genre d'exercice fais-tu ? _____

16. Le truc le plus dégueu que tu aies mangé ? _____

17. ◯ Pourquoi remettre à demain ce qu'on peut faire aujourd'hui ?
    ◯ Pourquoi faire aujourd'hui ce qu'on peut remettre à demain ?

18. Les jeunes enfants sont : ◯ Amusants ◯ Énervants?

19. Tu fais tes travaux scolaires : ◯ Bien en avance
    ◯ Quelques jours d'avance ◯ La veille

20. Tu étudies : ◯ Seule ◯ Avec un/une ami/e ◯ En groupe ◯ jamais

1. Ton prénom, ton second prénom et ton nom de famille : . . . .
2. Lis-tu les instructions avant d'assembler un objet? ☐ Bien sûr ! ☐ Pas du tout !
3. Ton année préférée à l'école : . . . .
4. L'adulte le plus cool que tu connaisses?. . . . .
5. ◯ Petite ville   ◯ Grosse ville?   Ta ville préférée? . . . .
6. À qui as-tu le plus de facilité à acheter un cadeau?. . . . .
7. ◯ Vraie mayo   ◯ Mayo allégée   ◯ Mayo sans gras Beurk!
8. Tu raffoles des patates : ◯ frites   ◯ rissolées
   ◯ au four   ◯ des croustilles   ◯ pilées?
9. Qu'est-ce qui est pire : ◯ Des choux de Bruxelles   ◯ Des épinards?
10. Aimes-tu les films étrangers?
    ☐ Bien sûr ! ☐ Pas du tout ! Les sous-titres me rendent folle!
11. T'es-tu déjà promenée en public avec la braguette ouverte?
    ☐ Bien sûr ! ☐ Pas du tout !
12. T'es-tu déjà promenée en public avec du papier de toilette coincé sous ton soulier?
    ☐ Bien sûr ! ☐ Pas du tout !
13. As-tu déjà oublié d'enlever l'étiquette de prix d'un vêtement avant de le porter?
    ☐ Bien sûr ! ☐ Pas du tout !
14. À quoi te fait penser le mot orange? . . . .
15. À quoi te fait penser la couleur rouge? . . . .
16. Quelle est la couleur la plus apaisante? . . . .
17. Oserais-tu marcher sous une échelle? ☐ Bien sûr! ☐ Pas du tout!
18. Oserais-tu ouvrir un parapluie à l'intérieur de la maison?
    ☐ Bien sûr! ☐ Pas du tout!
19. As-tu déjà trébuché devant tout le monde? ☐ Bien sûr! ☐ Pas du tout!
20. La personne la plus intelligente que tu connaisses? . . . .

à quoi te fait penser la couleur rouge ?
à du brillant à lèvres

1. Ton nom, s'il te plaît? _ _ _ _ _ _ _ _ _ _ _ _ _ _ _ _ _ _ _

2. La dernière fois que tu as lu le journal? _ _ _ _ _ _ _ _ _ _ _ _

3. La dernière fois que tu as consulté un dictionnaire? _ _ _ _ _ _ _

4. Le dernier plat que tu as cuisiné? _ _ _ _ _ _ _ _ _ _ _ _ _

5. Ta pièce préférée dans ton appartement ou ta maison? _ _ _ _ _ _ _

6. Ton style de déco intérieure préféré? _ _ _ _ _ _ _ _ _ _ _ _

7. Décris ton style vestimentaire: _ _ _ _ _ _ _ _ _ _ _ _ _ _

8. Comment sont tes cheveux aujourd'hui? ◯ Impeccables
   ◯ Dégueu ◯ Passables

9. Empruntes-tu les vêtements de tes amies?
   ☐ ben ouais ! ☐ tellement pas !

10. Quelle est la personne qui t'encourage le plus? _ _ _ _ _ _ _ _ _

11. Peux-tu nommer tous les rennes du père Noël?
    ☐ ben ouais ! ☐ tellement pas !

12. Si tu as répondu oui, nomme-les! _ _ _ _ _ _ _ _ _ _ _ _ _

13. Aimes-tu le lait de poule? ☐ ben ouais ! ☐ tellement pas !

14. Ton mets préféré du temps des Fêtes? _ _ _ _ _ _ _ _ _ _ _ _

15. As-tu le cœur sensible? ☐ ben ouais ! ☐ tellement pas !

16. Si oui, qu'est-ce qui te lève le cœur? _ _ _ _ _ _ _ _ _ _ _ _

17. Es-tu du genre à manger n'importe quoi? _ _ _ _ _ _ _ _ _ _ _

18. En camping, tu aimes dormir dans: ◯ Une tente
    ◯ Un chalet ◯ Une roulotte

19. As-tu déjà vu un animal sauvage?
    ☐ ben ouais ! Lequel _ _ _ _ _ _ _ _ _ _ _ ☐ tellement pas !

20. Ton parc d'attractions préféré? _ _ _ _ _ _ _ _ _ _ _ _ _ _

1. Mes initiales sont : _____
2. Ta race de chiens préférée ? _____
3. Ton plus grand défaut ? _____
4. Ta plus grande qualité ? _____
5. Je connais plein de choses à propos : _____
6. Je ne connais pas grand-chose à propos : _____
7. En vacances :
   ◯ Je m'amuse avec ma famille   ◯ Je ne supporte pas ma famille
8. Le moment le plus embarrassant de ma vie : _____
9. Nomme un truc que tu rêverais de faire,
   mais que tu ne crois pas possible : _____
10. Pourquoi ? _____
11. Te fixes-tu de nouveaux objectifs ?
    ☐ Ouais ! Quoi ? _____   ☐ Pas vraiment !
12. As-tu déjà atteint un tes objectifs ?
    ☐ Ouais ! Quoi ? _____   ☐ Pas vraiment !
13. ◯ J'adore me réveiller avec le chant des oiseaux
    ◯ Je déteste quand les oiseaux me réveillent
14. As-tu un rituel avant de t'endormir ?
    ☐ Ouais ! Quoi ? _____   ☐ Pas vraiment !
15. As-tu un rituel quand tu te lèves le matin ?
    ☐ Ouais ! Quoi ? _____   ☐ Pas vraiment !
16. Aimes-tu les histoires qui finissent bien ? ☐ Ouais ! ☐ Pas vraiment !
17. Qui t'a appris à lacer tes souliers ? _____
18. Sais-tu qui est le héros/l'héroïne de ton père ?
    ☐ Ouais ! Qui ? _____   ☐ Pas vraiment !
19. Sais-tu qui est le héros/l'héroïne de ta mère ?
    ☐ Ouais ! Qui ? _____   ☐ Pas vraiment !
20. Qui est ton héros/tom héroïne ? _____

Quelle est ta plus grande qualité ?
La loyauté

1. Je m'appelle : . . . .
2. Crois-tu en la magie ? ☐ **Bien sûr !** ☐ **Tellement pas !**
3. La chose la plus dégueu que tu aies mangée ?. . . . .
4. Nomme un film que tu peux voir sans arrêt : . . . .
5. La pire émission de télé en ce moment ? . . . .
6. As-tu déjà fait semblant d'aimer un cadeau que tu détestais ?
   ☐ **Bien sûr !** ☐ **Tellement pas !**
7. Tu aimes les frites : ◯ Juliennes ◯ Ondulées
   ◯ Épaisses ◯ Gaufrées
8. Tu aimes les bagels : ◯ Nature ◯ Au blé entier
   ◯ Sucrés ◯ Toutes les sortes !
9. Tu manges ton bagel : ◯ Sans garniture ◯ Avec du fromage à la crème
10. Aimes-tu les jeux de société ? ☐ **Bien sûr !** ☐ **Tellement pas !**
11. Quel animal aimerais-tu avoir si tu savais qu'il n'y avait aucun risque ?. . . . .
12. Ton chiffre préféré ? . . . .
13. Le meilleur conseil qu'on t'ait donné ? . . . .
14. Le meilleur conseil que tu aies donné ? . . . .
15. As-tu déjà passé une nuit entière à regarder des films ?
    ☐ **Bien sûr !** ☐ **Tellement pas !**
16. As-tu déjà passé une nuit entière à parler au téléphone avec ton ami/e ?
    ☐ **Bien sûr !** ☐ **Tellement pas !**
17. Commandes-tu des trucs par Internet ? ☐ **Bien sûr !** ☐ **Tellement pas !**
18. Quel super-sens aimerais-tu posséder ? ◯ L'ouïe ◯ La vue ◯ L'odorat
19. Quel accessoire te représente le mieux ? . . . .
20. Est-ce que tu le portes en ce moment ? ☐ **Bien sûr !** ☐ **Tellement pas !**

1. Mes amis/es m'appellent : (nom) _ _ _ _ _ _ _ _ _ _ _ _ _ _ _ _ _ _

2. Je me procure ma musique : ◯ Au magasin ◯ Sur Internet ◯ Les deux

3. Décris ton chum en un mot : _ _ _ _ _ _ _ _ _ _ _ _ _ _ _ _ _

4. Aimerais-tu être D.J. à la radio ? ☐ YEP ! ☐ NOOON !

5. Si oui, quelle musique mettrais-tu ? _ _ _ _ _ _ _ _ _ _ _ _ _ _ _ _

6. 🍀 T'habilles-tu en vert le jour de la Saint-Patrick ? ☐ YEP ! ☐ NOOON !

7. T'ennuies-tu des jeux d'enfant comme la chasse aux œufs ?
☐ YEP ! ☐ NOOON !

8. Déposais-tu tes dents sous l'oreiller ? ☐ YEP ! ☐ NOOON !

9. Sais-tu ce que veut dire RSVP ?
☐ YEP ! Ça veut dire : _ _ _ _ _ _ _ _ _ _ _ _ _ _ _ ☐ NOOON !

10. Quel est ton truc pour te sortir une chanson de la tête ? _ _ _ _ _ _ _ _

11. Qu'est-ce que tu achètes quand t'as envie de faire une folie ? _ _ _ _ _ _ _

12. Es-tu plus : ◯ Émotive ◯ Rationnelle ◯ 50/50 ?

13. Es-tu : ◯ Extravertie ◯ Introvertie ◯ Un peu des deux ?

14. Je préfère :
◯ Faire un pique-nique dans un parc ◯ Faire une grande sortie

15. Le sport le plus ennuyeux à regarder ? _ _ _ _ _ _ _ _ _ _ _

16. À quelle célébrité ta meilleure amie te compare-t-elle ? _ _ _ _ _ _ _ _

17. As-tu déjà eu une prémonition ? ☐ YEP ! ☐ NOOON !

18. Comment tes parents te décriraient-ils ? _ _ _ _ _ _ _ _ _ _ _ _ _

19. Tu trouves 50 $. Que fais-tu ? ◯ Tu le déposes dans un compte
◯ Tu le dépenses ◯ Tu essaies de trouver à qui il appartient

20. Quelle émission de télé as-tu regardée hier soir ? _ _ _ _ _ _ _ _ _ _

1. Mon nom à la naissance : _____

2. Comment dépenserais-tu 1000 $ en une journée ? _____

3. Nomme un événement que tu as organisé et qui a tourné au vinaigre : _____

4. As-tu un profil sur MySpace ? ☐ Ouais ! ☐ Non !

5. Ton personnage de livre préféré ? _____

6. Ton groupe de musique préféré à vie ? _____

7. Je perds la notion du temps quand : _____

8. Aimerais-tu avoir un robot ? ☐ Ouais ! ☐ Non !

9. Tes amies viennent te voir quand elles ont besoin :
   ◯ D'encouragements ◯ De voir la réalité en face

10. Qu'est-ce que tu fais pendant ton temps libre ? _____

11. Parles-tu à ton animal de compagnie comme s'il était un humain ?
   ☐ Ouais ! ☐ Non !

12. Es-tu du genre à : ◯ Ressasser le passé dans ta tête
   ◯ Regarder vers l'avant

13. Selon toi, combien de temps durera le monde ? _____

14. Une leçon que tu as apprise à tes dépens ? _____

15. Où es-tu en ce moment ? _____

16. À côté de qui es-tu assise en ce moment ? _____

17. Combien de fois remets-tu ton cadran le matin ? _____

18. Selon toi, qu'arrive-t-il à l'âme après la mort ? _____

19. Es-tu capable de jouer au yo-yo ?
   ☐ Ouais ! ☐ Non ! ☐ M'en fiche !

20. Aimes-tu être le centre d'attention ? ◯ Toujours
   ◯ Des fois ◯ Jamais

Mon premier mot ?
Fido (le nom de notre chien)

1. Le nom qui apparaît sur ton extrait de naissance : . . . .
2. Journée de la semaine, date et heure de ta naissance : . . . .
3. Ton premier mot ? . . . .
4. La langue que tu trouves la plus jolie ? . . . .
5. Crois-tu que tu contrôles bien ta vie ? ☐ Ouais ! ☐ Non !
6. Lis-tu les infos nutritionnelles des aliments avant de les acheter ?
   ☐ Ouais ! ☐ Non !
7. Avec qui parles-tu des trucs sérieux ? . . . .
8. Que fais-tu quand tu es fâchée ? ◯ Tu cries ◯ Tu pleures ◯ Tu ne dis rien
9. Ton plus beau souvenir ? . . . .
10. Ton pire souvenir ? . . . .
11. Es-tu du genre à : ◯ Prendre une décision rapide
    ◯ Réfléchir avant de prendre une décision ◯ Éviter de prendre une décision
12. As-tu des regrets ?
    ☐ Ouais ! Quoi ? . . . . ☐ Non !
13. Si tu avais une heure de plus par jour, qu'en ferais-tu ? . . . .
14. Décris un samedi matin typique : . . . .
15. As-tu déjà fait un tour d'hélicoptère ?
    ☐ Ouais ! ☐ Non !
16. Nomme un truc que la plupart des gens ignorent à ton sujet : . . . .
17. ◯ J'ai le pouce vert ◯ Je tue tout ce qui pousse
    ◯ Je n'ai jamais eu de plante
18. ◯ Marguerite ◯ Rose ◯ Autre : . . . .
19. Qu'est-ce qui est pire ? ◯ Se couper avec du papier ◯ Se brûler la langue
20. Je suis comme : ◯ Ma mère ◯ Mon père
    ◯ Aucun des deux – Je suis peut-être une extraterrestre !

1. Écris tous tes noms : _.
2. Un mot pour te décrire ? _
3. ◯ Licorne ◯ Pégase ◯ Dragon ◯ Autre : _ _ _ _ _ _ _ _ _ _ _ _
4. Es-tu déjà montée sur le guidon d'une bicyclette ? ☐ Affirmatif ! ☐ Ben non !
5. Qu'est-ce que tu vois par la fenêtre de ta chambre ? _ _ _ _ _ _ _ _ _ _
6. Quel genre d'élève es-tu ? ◯ Élève modèle
   ◯ Dans la moyenne ◯ Pas super
7. Nomme un truc qui te fait pleurer de rire : _ _ _ _ _ _ _ _ _ _ _ _
8. Quel est ton superhéros préféré ? _ _ _ _ _ _ _ _ _ _ _ _ _
9. Qu'est-ce que tu voudrais que les gens se rappellent à ton sujet ? _ _ _ _ _
10. T'es-tu déjà fait opérer ? ☐ Affirmatif ! Pour quoi ? _ _ _ _ _ _ _ _ _
    ☐ Ben non !
11. Ta chanson de film préférée ? _ _ _ _ _ _ _ _ _ _ _ _ _ _ _ _ _ _
12. Nomme un truc qui t'étonne au max : _ _ _ _ _ _ _ _ _ _ _ _ _ _ _ _
13. Quelle couleur te va le mieux : ◯ Le rose ◯ Le bleu
    ◯ Le jaune ◯ Autre : _ _ _ _ _ _ _ _ _ _ _ _
14. As-tu lu un bon livre dernièrement ? ☐ Affirmatif ! Quoi ? _ _ _ _ _ _ _
    ☐ Ben non !
15. Es-tu capable de siffler une chanson ? ◯ Bien sûr ! ◯ Un petit peu
    ◯ Pas du tout
16. Un mot pour décrire les filles :_ _ _ _ _ _ _ _ _ _ _ _ _ _ _ _ _
17. Un mot pour décrire les gars :_ _ _ _ _ _ _ _ _ _ _ _ _ _ _ _ _
18. À la montagne, tu aimes : ◯ Faire cuire des guimauves au-dessus du feu
    ◯ Escalader les rochers ◯ Faire de la randonnée
19. Nomme un truc légal auquel tu es dépendante : _ _ _ _ _ _ _ _ _ _ _ _
20. Le film le plus bizarre que tu aies vu ? _ _ _ _ _ _ _ _ _ _ _ _ _ _ _

Un mot que j'écris toujours mal ?

NÉCESSAIRE

1. Ton nom de famille : _____

2. Ce que tu veux faire quand tu seras plus grande : _____

3. As-tu déjà participé à une compétition ? ☐ oui, quoi? _____ ☐ non

4. As-tu gagné ? ☐ oui, quoi? _____ ☐ non

5. Décris un dimanche matin typique : _____

6. De quoi es-tu particulièrement fière? _____

7. Nomme un mot que tu écris toujours mal : _____

8. As-tu peur des hauteurs? ☐ oui ☐ non

9. Ta sorte de gomme ou de menthe préférée : _____

10. Es-tu capable de manger avec des baguettes? ☐ oui ☐ non

11. Quel est ton parfum? _____

12. ◯ Gâteau au chocolat avec glaçage chocolaté
    ◯ Gâteau des anges avec des fruits?

13. ◯ Crayon ◯ Crayon à mine ◯ Stylo à bille ◯ Crayon-gel

14. Qu'est-ce qui est pire?
    ◯ Mal de tête ◯ Mal de dents ◯ Mal de ventre ◯ Mal de dos

15. Que choisirais-tu entre : ◯ Une moyenne de 100 % pendant un an
    ◯ Passer une année entière en compagnie du gars qui fait battre ton cœur

16. Quel est le bijou que tu portes le plus? _____

17. Qu'est-ce que tu préfères à propos de l'été? _____

18. ◯ Thé vert ◯ Thé chaud ◯ Thé glacé ◯ Biscuits à thé

19. As-tu déjà fait cuire un gâteau? ☐ oui ☐ non

20. Crois-tu : ◯ Au destin ◯ En Dieu ◯ En toi?

Mon délice glacé préféré?

Une sucette glacée à l'orange!

1. As-tu un prénom? ☐ **Oui**, je m'appelle: . . . . ☐**Non**

2. Si tu pouvais pouvais assister à un seul concert cette année, lequel choisirais-tu? . . . .

3. Décris la montre que tu portes au poignet: . . . .

4. Classe ces animaux en ordre de préférence: ◯ Aigle ◯ Cheval ◯ Guépard ◯ Dauphin ◯ Cochon

5. Es-tu bonne pour conter des blagues? ☐ **Oui** ☐ **Non**

6. Tu crois que la vie est: ◯ Juste ◯ Injuste ◯ Ça dépend de toi

7. Quel rôle aimerais-tu interpréter? ◯ Une jeune fille en détresse ◯ Un superhéros ◯ Un méchant

8. Ta plus grande question existentielle? . . . .

9. As-tu déjà fait partie de la pièce de théâtre de l'école? ☐ **Oui** Quel rôle y as-tu joué? . . . . ☐ **Non**

10. Écoutes-tu: ◯ Les paroles de la musique ◯ Juste la mélodie?

11. As-tu un dessin animé préféré? ☐ **Oui** Lequel? . . . . ☐**Non**

12. Qu'est-ce qui est le plus mignon? ◯ Des chiots ◯ Des chatons ◯ Autre: . . . .

13. Ton personnage préféré dans un film d'animation? . . . .

14. L'animal le plus bizarre que tu aies vu? . . . .

15. ◯ Turquoise ◯ Fuchsia ◯ Vert menthe ◯ Noir ◯ Crème ◯ Violet

16. Ta marque de vêtements préférée? . . . .

17. Ta boisson froide préférée? . . . .

18. Tes amis/es te décrivent comme étant: ◯ Gentille ◯ Fiable ◯ Fofolle

19. Ton délice glacé préféré?. . . . .

20. Qu'aimerais-tu faire dans 10 ans?. . . . .

1. Je m'appelle : _ _ _ _ _ _ _ _   J'aimerais m'appeler : _ _ _ _ _ _ _ _ _ _

2. Te sens-tu mal pour les mauvais chanteurs qui auditionnent à *American Idol*?
   ☐ **Oui** ☐ **Pas vraiment**

3. Quand tu parles au téléphone : ◯ Tu marches de long en large
   ◯ Tu gesticules avec les mains ◯ Tu fais les deux

4. Est-ce que tu ris quand tu te frappes le coude ? ☐ **Oui** ☐ **Pas vraiment**

5. Où aimes-tu passer tes vacances ?
   ◯ Dans une grande ville ◯ Sur une plage ◯ Dans un autre pays

6. Aimes-tu lire de la poésie ? ☐ **Oui** ☐ **Pas vraiment**

7. Tu es reconnue pour : ◯ Ton sens de l'humour ◯ Ton bon goût ◯ Ton talent ?

8. À quel duo célèbre ta meilleure amie et toi ressemblez-vous le plus ?
   ◯ Batman et Robin ◯ Scooby et Shaggy

9. Tu aimes : ◯ Mettre un peu de maquillage ◯ Mettre beaucoup de maquillage

10. Es-tu : ◯ Mademoiselle Aventure ◯ Mademoiselle Leader
    ◯ Mademoiselle Informée

11. Ton légume préféré ? _ _ _ _ _ _ _ _ _ _ _ _ _ _

12. ◯ Restaurant-minute ◯ Restaurant thématique ◯ Restaurant chic ?

13. Que fais-tu quand tu n'arrives pas à dormir ?

14. Ton auto de rêve est : ◯ Un méga-utilitaire sport
    ◯ Une mini-auto sport ◯ Une limousine

15. ◯ Mac ◯ PC ?

16. As-tu déjà fait partie d'un fan-club ? ☐ **Oui** Lequel ? _ _ _ _ _ ☐ **Non**

17. As-tu l'autographe d'une célébrité ? ☐ **Oui** Qui ? _ _ _ _ _ _ ☐ **Non**

18. Oses-tu le dire quand quelqu'un a de la nourriture coincée entre les dents ?
    ☐ **Oui** ☐ **Non**

19. Ton animal de compagnie sait-il faire un truc vraiment cool ?
    ☐ **Oui** Quoi ? _ _ _ _ _ _ _ _ _ _ _ _ _ _ _ _ _ ☐ **Non**

20. Ta décoration murale préférée ? _ _ _ _ _ _ _ _ _ _ _ _ _ _ _ _ _

ta malbouffe préférée?
les croustilles

1. Ton nom? _____

2. Tu aimes la pizza : ◯ Croûte épaisse ◯ Croûte mince
   ◯ Sicilienne ◯ Farcie

3. Qu'est-ce que tu aimes mettre dans ton eau? ◯ Du citron
   ◯ De la lime ◯ Rien du tout

4. Es-tu déjà passée à la télévision? ☐ Si **oui**, pourquoi? _____ ☐ **jamais**

5. Qui a la vie plus facile? ◯ Les filles ◯ Les gars

6. Ta sorte de croustilles préférée : ◯ Crème sure et oignon ◯ Barbecue
   ◯ Cheddar ◯ Nature ◯ Ketchup ◯ Assaisonnées

7. Ta sorte de gelée, de confiture ou de compote préférée? _____

8. Que fais-tu quand tu es coincée dans une longue file d'attente?
   ◯ Tu regardes ta montre ◯ Tu marmonnes tout haut
   ◯ Tu prends ton mal en patience

9. ◯ Banane ◯ Pain aux bananes et aux noix ◯ Tarte à la crème aux bananes

10. As-tu de la difficulté à demander pardon? ☐ **oui** ☐ **jamais**

11. ◯ Œufs brouillés ◯ Œufs frits ◯ Œufs pochés
    ◯ Œufs à la coque ◯ Je n'aime pas les œufs

12. Le livre le plus ennuyeux que tu aies lu? _____

13. Ton type de viande préféré? _____

14. Qu'est-ce que tu préfères manger au cinéma?
    ◯ Maïs soufflé ◯ Réglisse ◯ Nachos ◯ Autre : _____

15. Dans quelle émission de télé aimerais-tu jouer? _____

16. Nomme un truc que tu adores et que la plupart des gens détestent : _____

17. Crois-tu parfois que tu es folle? ◯ Tout le temps ◯ Des fois
    ◯ Non, ce sont les autres qui sont fous!

18. Ta malbouffe préférée? _____

19. Fais-tu des siestes? ☐ **oui** ☐ **jamais**

20. Ailes de poulet : ◯ Originales ◯ Extra-croustillantes ◯ Piquantes

un mot que je n'aime pas entendre?
sang

1. Ton prénom épelé à l'envers?. . . . .
2. Le dernier film que tu as vu? . . . .
3. ◯ Taco ◯ Burrito ◯ Enchilada ◯ Fajita
4. Quelle est ta sonnerie de cellulaire?. . . . .
5. Quelle est la couleur la plus populaire dans ta garde-robe? . . . .
6. L'animal arctique le plus cool? ◯ Pingouin ◯ Ours polaire
   ◯ Phoque du Groenland ◯ Épaulard
7. Es-tu du genre à avoir : ◯ Trop chaud ◯ Trop froid?
8. Es-tu allergique à quelque chose?
   ☐ hum, oui, à : _____ ☐ hum, non
9. Ton CD préféré en ce moment?. . . . .
10. As-tu de la difficulté à admettre tes torts? ☐ hum, oui ☐ hum, non
11. Ton acteur préféré? . . . .
12. Ton actrice préférée?. . . . .
13. La matière que tu aimes le moins à l'école? . . . .
14. As-tu déjà ouvert une porte même si c'était écrit de ne pas l'ouvrir ?
    ☐ hum, oui ☐ hum, non
15. Nomme un mot que tu n'aimes pas entendre : . . . .
16. Comment as-tu rencontré ton chum? . . . .
17. Avec quelle célébrité tu ne voudrais jamais changer de place? . . . .
18. Étudies-tu : ◯ Dans le silence complet
    ◯ Avec de la musique ◯ Avec la télé allumée?
19. Combien de paires de souliers possèdes-tu? ◯ 10 ou moins
    ◯ 10 à 20 ◯ Plus de 20
20. Ton sandwich préféré? . . . .

1. Je m'appelle : _____

2. J'aimerais m'appeler : _____

3. Est-ce que tes parents t'ont déjà fait honte ? ☐ **C'est clair !** ☐ **Négatif !**

4. De quelle façon t'ont-ils fait honte ? _____

5. Avec quelle célébrité aimerais-tu changer de place ? _____

6. Si tu pouvais inventer quelque chose, que choisirais-tu ? _____

7. Combien de dents as-tu ? _____

8. Te blanchis-tu les dents ? ☐ **Oui**, avec les produits vendus à la pharmacie

   ☐ **Oui**, chez le dentiste ☐ **Non**

9. Combien de fois par jour te brosses-tu les dents ? _____

10. Les règles sont faites pour : ○ Être respectées

    ○ Établir une ligne de conduite ○ Être enfreintes

11. La pire erreur que tu aies faite du point de vue vestimentaire ? _____

12. La chose qui t'énerve le plus à propos de l'école ? _____

13. La chose que tu préfères à propos de l'école ? _____

14. Fais-tu de l'exercice physique ? ☐ **C'est clair !** ☐ **Négatif !** ☐ **Des fois**

15. Si tu as répondu oui au #14, quel genre d'exercice fais-tu ? _____

16. Le truc le plus dégueu que tu aies mangé ? _____

17. ○ Pourquoi remettre à demain ce qu'on peut faire aujourd'hui ?

    ○ Pourquoi faire aujourd'hui ce qu'on peut remettre à demain ?

18. Les jeunes enfants sont : ○ Amusants ○ Énervants ?

19. Tu fais tes travaux scolaires : ○ Bien en avance

    ○ Quelques jours d'avance ○ La veille

20. Tu étudies : ○ Seule ○ Avec un/une ami/e ○ En groupe ○ jamais

1. Ton prénom, ton second prénom et ton nom de famille : . . . .
2. Lis-tu les instructions avant d'assembler un objet ? ☐ Bien sûr ! ☐ Pas du tout !
3. Ton année préférée à l'école : . . . .
4. L'adulte le plus cool que tu connaisses ? . . . .
5. ◯ Petite ville ◯ Grosse ville ? Ta ville préférée ? . . . .
6. À qui as-tu le plus de facilité à acheter un cadeau ? . . . .
7. ◯ Vraie mayo ◯ Mayo allégée ◯ Mayo sans gras Beurk !
8. Tu raffoles des patates : ◯ frites ◯ rissolées
   ◯ au four ◯ des croustilles ◯ pilées ?
9. Qu'est-ce qui est pire : ◯ Des choux de Bruxelles ◯ Des épinards ?
10. Aimes-tu les films étrangers ?
    ☐ Bien sûr ! ☐ Pas du tout ! Les sous-titres me rendent folle !
11. T'es-tu déjà promenée en public avec la braguette ouverte ?
    ☐ Bien sûr ! ☐ Pas du tout !
12. T'es-tu déjà promenée en public avec du papier de toilette coincé sous ton soulier ?
    ☐ Bien sûr ! ☐ Pas du tout !
13. As-tu déjà oublié d'enlever l'étiquette de prix d'un vêtement avant de le porter ?
    ☐ Bien sûr ! ☐ Pas du tout !
14. À quoi te fait penser le mot orange ? . . . .
15. À quoi te fait penser la couleur rouge ? . . . .
16. Quelle est la couleur la plus apaisante ? . . . .
17. Oserais-tu marcher sous une échelle ? ☐ Bien sûr ! ☐ Pas du tout !
18. Oserais-tu ouvrir un parapluie à l'intérieur de la maison ?
    ☐ Bien sûr ! ☐ Pas du tout !
19. As-tu déjà trébuché devant tout le monde ? ☐ Bien sûr ! ☐ Pas du tout !
20. La personne la plus intelligente que tu connaisses ? . . . .

à quoi te fait penser la couleur rouge ?
à du brillant à lèvres

1. Ton nom, s'il te plaît? _ _ _ _ _ _ _ _ _ _ _ _ _ _ _ _ _

2. La dernière fois que tu as lu le journal? _ _ _ _ _ _ _ _ _ _ _

3. La dernière fois que tu as consulté un dictionnaire? _ _ _ _ _ _ _ _

4. Le dernier plat que tu as cuisiné? _ _ _ _ _ _ _ _ _ _ _

5. Ta pièce préférée dans ton appartement ou ta maison? _ _ _ _ _ _ _ _

6. Ton style de déco intérieure préféré? _ _ _ _ _ _ _ _ _ _ _

7. Décris ton style vestimentaire: _ _ _ _ _ _ _ _ _ _ _

8. Comment sont tes cheveux aujourd'hui? ◯ Impeccables
   ◯ Dégueu ◯ Passables

9. Empruntes-tu les vêtements de tes amies?
   ☐ ben ouais ! ☐ tellement pas !

10. Quelle est la personne qui t'encourage le plus? _ _ _ _ _ _ _ _ _ _

11. Peux-tu nommer tous les rennes du père Noël?
    ☐ ben ouais ! ☐ tellement pas !

12. Si tu as répondu oui, nomme-les! _ _ _ _ _ _ _ _ _ _

13. Aimes-tu le lait de poule? ☐ ben ouais ! ☐ tellement pas !

14. Ton mets préféré du temps des Fêtes? _ _ _ _ _ _ _ _ _ _

15. As-tu le cœur sensible? ☐ ben ouais ! ☐ tellement pas !

16. Si oui, qu'est-ce qui te lève le cœur? _ _ _ _ _ _ _ _ _ _

17. Es-tu du genre à manger n'importe quoi? _ _ _ _ _ _ _ _ _

18. En camping, tu aimes dormir dans: ◯ Une tente
    ◯ Un chalet ◯ Une roulotte

19. As-tu déjà vu un animal sauvage?
    ☐ ben ouais ! Lequel _ _ _ _ _ _ _ _ _ _ ☐ tellement pas !

20. Ton parc d'attractions préféré? _ _ _ _ _ _ _ _ _ _ _

1. Mes initiales sont : _____
2. Ta race de chiens préférée? _____
3. Ton plus grand défaut? _____
4. Ta plus grande qualité? _____
5. Je connais plein de choses à propos : _____
6. Je ne connais pas grand-chose à propos : _____
7. En vacances :
   ◯ Je m'amuse avec ma famille   ◯ Je ne supporte pas ma famille
8. Le moment le plus embarrassant de ma vie : _____
9. Nomme un truc que tu rêverais de faire,
   mais que tu ne crois pas possible : _____
10. Pourquoi? _____
11. Te fixes-tu de nouveaux objectifs?
   ☐ Ouais ! Quoi? _____ ☐ Pas vraiment !
12. As-tu déjà atteint un tes objectifs?
   ☐ Ouais ! Quoi? _____ ☐ Pas vraiment !
13. ◯ J'adore me réveiller avec le chant des oiseaux
    ◯ Je déteste quand les oiseaux me réveillent
14. As-tu un rituel avant de t'endormir?
   ☐ Ouais ! Quoi? _____ ☐ Pas vraiment !
15. As-tu un rituel quand tu te lèves le matin?
   ☐ Ouais ! Quoi? _____ ☐ Pas vraiment !
16. Aimes-tu les histoires qui finissent bien? ☐ Ouais ! ☐ Pas vraiment !
17. Qui t'a appris à lacer tes souliers?_____
18. Sais-tu qui est le héros/l'héroïne de ton père?
   ☐ Ouais ! Qui? _____ ☐ Pas vraiment !
19. Sais-tu qui est le héros/l'héroïne de ta mère?
   ☐ Ouais ! Qui? _____ ☐ Pas vraiment !
20. Qui est ton héros/tom héroïne?_____

Quelle est ta plus grande qualité ?
La loyauté

☆ ☆ ☆ ☆ ☆

1. Je m'appelle : . . . .
2. Crois-tu en la magie? ☐ **Bien sûr!** ☐ **Tellement pas!**
3. La chose la plus dégueu que tu aies mangée?. . . . .
4. Nomme un film que tu peux voir sans arrêt : . . . .
5. La pire émission de télé en ce moment? . . . .
6. As-tu déjà fait semblant d'aimer un cadeau que tu détestais?
   ☐ **Bien sûr!** ☐ **Tellement pas!**
7. Tu aimes les frites : ◯ Juliennes ◯ Ondulées
   ◯ Épaisses ◯ Gaufrées
8. Tu aimes les bagels : ◯ Nature ◯ Au blé entier
   ◯ Sucrés ◯ Toutes les sortes!
9. Tu manges ton bagel : ◯ Sans garniture ◯ Avec du fromage à la crème
10. Aimes-tu les jeux de société? ☐ **Bien sûr!** ☐ **Tellement pas!**
11. Quel animal aimerais-tu avoir si tu savais qu'il n'y avait aucun risque?. . . . .
12. Ton chiffre préféré? . . . .
13. Le meilleur conseil qu'on t'ait donné? . . . .
14. Le meilleur conseil que tu aies donné? . . . .
15. As-tu déjà passé une nuit entière à regarder des films?
    ☐ **Bien sûr!** ☐ **Tellement pas!**
16. As-tu déjà passé une nuit entière à parler au téléphone avec ton ami/e?
    ☐ **Bien sûr!** ☐ **Tellement pas!**
17. Commandes-tu des trucs par Internet? ☐ **Bien sûr!** ☐ **Tellement pas!**
18. Quel super-sens aimerais-tu posséder? ◯ L'ouïe ◯ La vue ◯ L'odorat
19. Quel accessoire te représente le mieux? . . . .
20. Est-ce que tu le portes en ce moment? ☐ **Bien sûr!** ☐ **Tellement pas!**

1. Mes amis/es m'appellent: (nom) _ _ _ _ _ _ _ _ _ _ _ _ _ _ _ _ _ _ _

2. Je me procure ma musique: ◯ Au magasin ◯ Sur Internet ◯ Les deux

3. Décris ton chum en un mot: _ _ _ _ _ _ _ _ _ _ _ _ _ _ _ _ _

4. Aimerais-tu être D.J. à la radio? ☐ YEP! ☐ NOOON!

5. Si oui, quelle musique mettrais-tu? _ _ _ _ _ _ _ _ _ _ _ _ _ _ _ _

6. 🍀 T'habilles-tu en vert le jour de la Saint-Patrick? ☐ YEP! ☐ NOOON!

7. T'ennuies-tu des jeux d'enfant comme la chasse aux œufs?
   ☐ YEP! ☐ NOOON!

8. Déposais-tu tes dents sous l'oreiller? ☐ YEP! ☐ NOOON!

9. Sais-tu ce que veut dire RSVP?
   ☐ YEP! Ça veut dire: _ _ _ _ _ _ _ _ _ _ _ _ _ _ _ _ ☐ NOOON!

10. Quel est ton truc pour te sortir une chanson de la tête? _ _ _ _ _ _ _ _

11. Qu'est-ce que tu achètes quand t'as envie de faire une folie? _ _ _ _ _

12. Es-tu plus: ◯ Émotive ◯ Rationnelle ◯ 50/50?

13. Es-tu: ◯ Extravertie ◯ Introvertie ◯ Un peu des deux?

14. Je préfère:
    ◯ Faire un pique-nique dans un parc ◯ Faire une grande sortie

15. Le sport le plus ennuyeux à regarder? _ _ _ _ _ _ _ _ _ _ _

16. À quelle célébrité ta meilleure amie te compare-t-elle? _ _ _ _ _ _ _ _

17. As-tu déjà eu une prémonition? ☐ YEP! ☐ NOOON!

18. Comment tes parents te décriraient-ils? _ _ _ _ _ _ _ _ _ _ _

19. Tu trouves 50 $. Que fais-tu? ◯ Tu le déposes dans un compte
    ◯ Tu le dépenses ◯ Tu essaies de trouver à qui il appartient

20. Quelle émission de télé as-tu regardée hier soir? _ _ _ _ _ _ _ _ _

J'aimerais avoir un robot pour lui faire faire les trucs que je déteste !

1. Mon nom à la naissance : _____

2. Comment dépenserais-tu 1000 $ en une journée? _____

3. Nomme un événement que tu as organisé et qui a tourné au vinaigre : _____
_____

4. As-tu un profil sur MySpace? ☐ Ouais ! ☐ Non !

5. Ton personnage de livre préféré? _____

6. Ton groupe de musique préféré à vie?_____

7. Je perds la notion du temps quand : _____

8. Aimerais-tu avoir un robot? ☐ Ouais ! ☐ Non !

9. Tes amies viennent te voir quand elles ont besoin :
   ◯ D'encouragements ◯ De voir la réalité en face

10. Qu'est-ce que tu fais pendant ton temps libre?_____

11. Parles-tu à ton animal de compagnie comme s'il était un humain?
    ☐ Ouais ! ☐ Non !

12. Es-tu du genre à : ◯ Ressasser le passé dans ta tête
    ◯ Regarder vers l'avant

13. Selon toi, combien de temps durera le monde?_____

14. Une leçon que tu as apprise à tes dépens? _____

15. Où es-tu en ce moment?_____

16. À côté de qui es-tu assise en ce moment? _____

17. Combien de fois remets-tu ton cadran le matin? _____

18. Selon toi, qu'arrive-t-il à l'âme après la mort?_____

19. Es-tu capable de jouer au yo-yo?
    ☐ Ouais ! ☐ Non ! ☐ M'en fiche !

20. Aimes-tu être le centre d'attention? ◯ Toujours
    ◯ Des fois ◯ Jamais

Mon premier mot ?
Fido (le nom de notre chien)

1. Le nom qui apparaît sur ton extrait de naissance : . . . .
2. Journée de la semaine, date et heure de ta naissance : . . . .
3. Ton premier mot ? . . . .
4. La langue que tu trouves la plus jolie ? . . . .
5. Crois-tu que tu contrôles bien ta vie ? ☐ Ouais ! ☐ Non !
6. Lis-tu les infos nutritionnelles des aliments avant de les acheter ?
   ☐ Ouais ! ☐ Non !
7. Avec qui parles-tu des trucs sérieux ? . . . .
8. Que fais-tu quand tu es fâchée ? ◯ Tu cries ◯ Tu pleures ◯ Tu ne dis rien
9. Ton plus beau souvenir ? . . . .
10. Ton pire souvenir ? . . . .
11. Es-tu du genre à : ◯ Prendre une décision rapide
    ◯ Réfléchir avant de prendre une décision ◯ Éviter de prendre une décision
12. As-tu des regrets ?
    ☐ Ouais ! Quoi ? . . . . ☐ Non !
13. Si tu avais une heure de plus par jour, qu'en ferais-tu ? . . . .
14. Décris un samedi matin typique : . . . .
15. As-tu déjà fait un tour d'hélicoptère ?
    ☐ Ouais ! ☐ Non !
16. Nomme un truc que la plupart des gens ignorent à ton sujet : . . . .
17. ◯ J'ai le pouce vert ◯ Je tue tout ce qui pousse
    ◯ Je n'ai jamais eu de plante
18. ◯ Marguerite ◯ Rose ◯ Autre : . . . .
19. Qu'est-ce qui est pire ? ◯ Se couper avec du papier ◯ Se brûler la langue
20. Je suis comme : ◯ Ma mère ◯ Mon père
    ◯ Aucun des deux – Je suis peut-être une extraterrestre !

1. Écris tous tes noms : _
2. Un mot pour te décrire ? _ _ _ _ _ _ _ _ _ _ _ _ _ _ _ _ _ _
3. ◯ Licorne ◯ Pégase ◯ Dragon ◯ Autre : _ _ _ _ _ _ _ _ _
4. Es-tu déjà montée sur le guidon d'une bicyclette ? ☐ **Affirmatif !** ☐ **Ben non !**
5. Qu'est-ce que tu vois par la fenêtre de ta chambre ? _ _ _ _ _ _ _ _
6. Quel genre d'élève es-tu ? ◯ Élève modèle
   ◯ Dans la moyenne ◯ Pas super
7. Nomme un truc qui te fait pleurer de rire : _ _ _ _ _ _ _ _ _ _ _
8. Quel est ton superhéros préféré ? _ _ _ _ _ _ _ _ _ _ _ _ _
9. Qu'est-ce que tu voudrais que les gens se rappellent à ton sujet ? _ _ _ _ _
10. T'es-tu déjà fait opérer ? ☐ **Affirmatif !** Pour quoi ? _ _ _ _ _ _ _ _
    ☐ **Ben non !**
11. Ta chanson de film préférée ? _ _ _ _ _ _ _ _ _ _ _ _ _ _ _ _
12. Nomme un truc qui t'étonne au max : _ _ _ _ _ _ _ _ _ _ _ _ _
13. Quelle couleur te va le mieux : ◯ Le rose ◯ Le bleu
    ◯ Le jaune ◯ Autre : _ _ _ _ _ _ _ _ _ _ _ _ _ _ _ _ _
14. As-tu lu un bon livre dernièrement ? ☐ **Affirmatif !** Quoi ? _ _ _ _ _ _
    ☐ **Ben non !**
15. Es-tu capable de siffler une chanson ? ◯ Bien sûr ! ◯ Un petit peu
    ◯ Pas du tout
16. Un mot pour décrire les filles : _ _ _ _ _ _ _ _ _ _ _ _ _ _ _ _
17. Un mot pour décrire les gars : _ _ _ _ _ _ _ _ _ _ _ _ _ _ _ _
18. À la montagne, tu aimes : ◯ Faire cuire des guimauves au-dessus du feu
    ◯ Escalader les rochers ◯ Faire de la randonnée
19. Nomme un truc légal auquel tu es dépendante : _ _ _ _ _ _ _ _ _ _ _
20. Le film le plus bizarre que tu aies vu ? _ _ _ _ _ _ _ _ _ _ _ _

Un mot que j'écris toujours mal ?

NÉCESSAIRE

1. Ton nom de famille : _____

2. Ce que tu veux faire quand tu seras plus grande : _____

3. As-tu déjà participé à une compétition? ☐ oui, quoi? _____ ☐ non

4. As-tu gagné? ☐ oui, quoi? _____ ☐ non

5. Décris un dimanche matin typique : _____

6. De quoi es-tu particulièrement fière? _____

7. Nomme un mot que tu écris toujours mal : _____

8. As-tu peur des hauteurs? ☐ oui ☐ non

9. Ta sorte de gomme ou de menthe préférée : _____

10. Es-tu capable de manger avec des baguettes? ☐ oui ☐ non

11. Quel est ton parfum? _____

12. ◯ Gâteau au chocolat avec glaçage chocolaté
    ◯ Gâteau des anges avec des fruits?

13. ◯ Crayon ◯ Crayon à mine ◯ Stylo à bille ◯ Crayon-gel

14. Qu'est-ce qui est pire?
    ◯ Mal de tête ◯ Mal de dents ◯ Mal de ventre ◯ Mal de dos

15. Que choisirais-tu entre : ◯ Une moyenne de 100 % pendant un an
    ◯ Passer une année entière en compagnie du gars qui fait battre ton cœur

16. Quel est le bijou que tu portes le plus? _____

17. Qu'est-ce que tu préfères à propos de l'été? _____

18. ◯ Thé vert ◯ Thé chaud ◯ Thé glacé ◯ Biscuits à thé

19. As-tu déjà fait cuire un gâteau? ☐ oui ☐ non

20. Crois-tu : ◯ Au destin ◯ En Dieu ◯ En toi?

Mon délice glacé préféré?

Une sucette glacée à l'orange!

1. As-tu un prénom? ☐ **Oui**, je m'appelle: . . . . ☐ **Non**

2. Si tu pouvais pouvais assister à un seul concert cette année, lequel choisirais-tu? . . . .

3. Décris la montre que tu portes au poignet: . . . .

4. Classe ces animaux en ordre de préférence: ◯ Aigle ◯ Cheval ◯ Guépard ◯ Dauphin ◯ Cochon

5. Es-tu bonne pour conter des blagues? ☐ **Oui** ☐ **Non** 😄

6. Tu crois que la vie est: ◯ Juste ◯ Injuste ◯ Ça dépend de toi

7. Quel rôle aimerais-tu interpréter? ◯ Une jeune fille en détresse ◯ Un superhéros ◯ Un méchant

8. Ta plus grande question existentielle? . . . .

9. As-tu déjà fait partie de la pièce de théâtre de l'école? ☐ **Oui** Quel rôle y as-tu joué? . . . . ☐ **Non**

10. Écoutes-tu: ◯ Les paroles de la musique ◯ Juste la mélodie?

11. As-tu un dessin animé préféré? ☐ **Oui** Lequel? . . . . ☐ **Non**

12. Qu'est-ce qui est le plus mignon? ◯ Des chiots ◯ Des chatons ◯ Autre: . . . .

13. Ton personnage préféré dans un film d'animation? . . . .

14. L'animal le plus bizarre que tu aies vu? . . . .

15. ◯ Turquoise ◯ Fuchsia ◯ Vert menthe ◯ Noir ◯ Crème ◯ Violet

16. Ta marque de vêtements préférée? . . . .

17. Ta boisson froide préférée? 🧃 . . . .

18. Tes amis/es te décrivent comme étant: ◯ Gentille ◯ Fiable ◯ Fofolle

19. Ton délice glacé préféré? . . . .

20. Qu'aimerais-tu faire dans 10 ans? . . . .

1. Je m'appelle: _ _ _ _ _ _ _ _   J'aimerais m'appeler: _ _ _ _ _ _ _ _

2. Te sens-tu mal pour les mauvais chanteurs qui auditionnent à *American Idol*?
   ☐ **Oui** ☐ **Pas vraiment**

3. Quand tu parles au téléphone: ◯ Tu marches de long en large
   ◯ Tu gesticules avec les mains ◯ Tu fais les deux

4. Est-ce que tu ris quand tu te frappes le coude? ☐ **Oui** ☐ **Pas vraiment**

5. Où aimes-tu passer tes vacances?
   ◯ Dans une grande ville ◯ Sur une plage ◯ Dans un autre pays

6. Aimes-tu lire de la poésie? ☐ **Oui** ☐ **Pas vraiment**

7. Tu es reconnue pour: ◯ Ton sens de l'humour ◯ Ton bon goût ◯ Ton talent?

8. À quel duo célèbre ta meilleure amie et toi ressemblez-vous le plus?
   ◯ Batman et Robin ◯ Scooby et Shaggy

9. Tu aimes: ◯ Mettre un peu de maquillage ◯ Mettre beaucoup de maquillage

10. Es-tu: ◯ Mademoiselle Aventure ◯ Mademoiselle Leader
    ◯ Mademoiselle Informée

11. Ton légume préféré? _ _ _ _ _ _ _ _ _ _ _ _ _ _ _ _

12. ◯ Restaurant-minute ◯ Restaurant thématique ◯ Restaurant chic?

13. Que fais-tu quand tu n'arrives pas à dormir?

14. Ton auto de rêve est: ◯ Un méga-utilitaire sport
    ◯ Une mini-auto sport ◯ Une limousine

15. ◯ Mac ◯ PC?

16. As-tu déjà fait partie d'un fan-club? ☐ **Oui** Lequel? _ _ _ _ _   ☐ **Non**

17. As-tu l'autographe d'une célébrité? ☐ **Oui** Qui? _ _ _ _ _ _   ☐ **Non**

18. Oses-tu le dire quand quelqu'un a de la nourriture coincée entre les dents?
    ☐ **Oui** ☐ **Non**

19. Ton animal de compagnie sait-il faire un truc vraiment cool?
    ☐ **Oui** Quoi? _ _ _ _ _ _ _ _ _ _ _ _ _ _ _ _   ☐ **Non**

20. Ta décoration murale préférée? _ _ _ _ _ _ _ _ _ _ _ _ _ _ _ _

1. Ton nom? _____

2. Tu aimes la pizza : ◯ Croûte épaisse ◯ Croûte mince
   ◯ Sicilienne ◯ Farcie

3. Qu'est-ce que tu aimes mettre dans ton eau? ◯ Du citron
   ◯ De la lime ◯ Rien du tout

4. Es-tu déjà passée à la télévision? ☐ Si **oui**, pourquoi? _____ ☐ **jamais**

5. Qui a la vie plus facile? ◯ Les filles ◯ Les gars

6. Ta sorte de croustilles préférée : ◯ Crème sure et oignon ◯ Barbecue
   ◯ Cheddar ◯ Nature ◯ Ketchup ◯ Assaisonnées

7. Ta sorte de gelée, de confiture ou de compote préférée?_____

8. Que fais-tu quand tu es coincée dans une longue file d'attente?
   ◯ Tu regardes ta montre ◯ Tu marmonnes tout haut
   ◯ Tu prends ton mal en patience

9. ◯ Banane ◯ Pain aux bananes et aux noix ◯ Tarte à la crème aux bananes

10. As-tu de la difficulté à demander pardon? ☐ **oui** ☐ **jamais**

11. ◯ Œufs brouillés ◯ Œufs frits ◯ Œufs pochés
    ◯ Œufs à la coque ◯ Je n'aime pas les œufs

12. Le livre le plus ennuyeux que tu aies lu? _____

13. Ton type de viande préféré? _____

14. Qu'est-ce que tu préfères manger au cinéma?
    ◯ Maïs soufflé ◯ Réglisse ◯ Nachos ◯ Autre : _____

15. Dans quelle émission de télé aimerais-tu jouer?_____

16. Nomme un truc que tu adores et que la plupart des gens détestent : _____

17. Crois-tu parfois que tu es folle? ◯ Tout le temps ◯ Des fois
    ◯ Non, ce sont les autres qui sont fous!

18. Ta malbouffe préférée?_____

19. Fais-tu des siestes? ☐ **oui** ☐ **jamais**

20. Ailes de poulet : ◯ Originales ◯ Extra-croustillantes ◯ Piquantes

1. Ton prénom épelé à l'envers?. . . . .
2. Le dernier film que tu as vu? . . . .
3. ◯ Taco ◯ Burrito ◯ Enchilada ◯ Fajita
4. Quelle est ta sonnerie de cellulaire?. . . . .
5. Quelle est la couleur la plus populaire dans ta garde-robe?. . . . .
6. L'animal arctique le plus cool? ◯ Pingouin ◯ Ours polaire
   ◯ Phoque du Groenland ◯ Épaulard
7. Es-tu du genre à avoir : ◯ Trop chaud ◯ Trop froid?
8. Es-tu allergique à quelque chose?
   ☐ hum, oui, à : _____ ☐ hum, non
9. Ton CD préféré en ce moment?. . . . .
10. As-tu de la difficulté à admettre tes torts? ☐ hum, oui ☐ hum, non
11. Ton acteur préféré? . . . .
12. Ton actrice préférée?. . . . .
13. La matière que tu aimes le moins à l'école?. . . . .
14. As-tu déjà ouvert une porte même si c'était écrit de ne pas l'ouvrir ?
    ☐ hum, oui ☐ hum, non
15. Nomme un mot que tu n'aimes pas entendre : . . . .
16. Comment as-tu rencontré ton chum? . . . .
17. Avec quelle célébrité tu ne voudrais jamais changer de place? . . . .
18. Étudies-tu : ◯ Dans le silence complet
    ◯ Avec de la musique ◯ Avec la télé allumée?
19. Combien de paires de souliers possèdes-tu? ◯ 10 ou moins
    ◯ 10 à 20 ◯ Plus de 20
20. Ton sandwich préféré? . . . .

1. Je m'appelle : _____

2. J'aimerais m'appeler : _____

3. Est-ce que tes parents t'ont déjà fait honte ? ☐ **C'est clair !** ☐ **Négatif !**

4. De quelle façon t'ont-ils fait honte ? _____

5. Avec quelle célébrité aimerais-tu changer de place ? _____

6. Si tu pouvais inventer quelque chose, que choisirais-tu ?_____

7. Combien de dents as-tu ? _____

8. Te blanchis-tu les dents ? ☐ **Oui**, avec les produits vendus à la pharmacie
   ☐ **Oui**, chez le dentiste ☐ **Non**

9. Combien de fois par jour te brosses-tu les dents?_____

10. Les règles sont faites pour : ◯ Être respectées
    ◯ Établir une ligne de conduite ◯ Être enfreintes

11. La pire erreur que tu aies faite du point de vue vestimentaire?_____

12. La chose qui t'énerve le plus à propos de l'école?_____

13. La chose que tu préfères à propos de l'école?_____

14. Fais-tu de l'exercice physique ? ☐ **C'est clair !** ☐ **Négatif !** ☐ **Des fois**

15. Si tu as répondu oui au #14, quel genre d'exercice fais-tu ? _____

16. Le truc le plus dégueu que tu aies mangé ? _____

17. ◯ Pourquoi remettre à demain ce qu'on peut faire aujourd'hui ?
    ◯ Pourquoi faire aujourd'hui ce qu'on peut remettre à demain ?

18. Les jeunes enfants sont : ◯ Amusants ◯ Énervants?

19. Tu fais tes travaux scolaires : ◯ Bien en avance
    ◯ Quelques jours d'avance ◯ La veille

20. Tu étudies : ◯ Seule ◯ Avec un/une ami/e ◯ En groupe ◯ jamais

1. Ton prénom, ton second prénom et ton nom de famille : . . . .
2. Lis-tu les instructions avant d'assembler un objet ? ☐ Bien sûr ! ☐ Pas du tout !
3. Ton année préférée à l'école : . . . .
4. L'adulte le plus cool que tu connaisses ? . . . .
5. ◯ Petite ville ◯ Grosse ville ? Ta ville préférée ? . . . .
6. À qui as-tu le plus de facilité à acheter un cadeau ? . . . .
7. ◯ Vraie mayo ◯ Mayo allégée ◯ Mayo sans gras Beurk !
8. Tu raffoles des patates : ◯ frites ◯ rissolées
   ◯ au four ◯ des croustilles ◯ pilées ?
9. Qu'est-ce qui est pire : ◯ Des choux de Bruxelles ◯ Des épinards ?
10. Aimes-tu les films étrangers ?
    ☐ Bien sûr ! ☐ Pas du tout ! Les sous-titres me rendent folle !
11. T'es-tu déjà promenée en public avec la braguette ouverte ?
    ☐ Bien sûr ! ☐ Pas du tout !
12. T'es-tu déjà promenée en public avec du papier de toilette coincé sous ton soulier ?
    ☐ Bien sûr ! ☐ Pas du tout !
13. As-tu déjà oublié d'enlever l'étiquette de prix d'un vêtement avant de le porter ?
    ☐ Bien sûr ! ☐ Pas du tout !
14. À quoi te fait penser le mot orange ? . . . .
15. À quoi te fait penser la couleur rouge ? . . . .
16. Quelle est la couleur la plus apaisante ? . . . .
17. Oserais-tu marcher sous une échelle ? ☐ Bien sûr! ☐ Pas du tout!
18. Oserais-tu ouvrir un parapluie à l'intérieur de la maison ?
    ☐ Bien sûr! ☐ Pas du tout!
19. As-tu déjà trébuché devant tout le monde ? ☐ Bien sûr! ☐ Pas du tout!
20. La personne la plus intelligente que tu connaisses ? . . . .

À quoi te fait penser la couleur rouge ?
à du brillant à lèvres

1. Ton nom, s'il te plaît? _

2. La dernière fois que tu as lu le journal? _ _ _ _ _ _ _ _ _ _ _ _ _

3. La dernière fois que tu as consulté un dictionnaire? _ _ _ _ _ _ _ _

4. Le dernier plat que tu as cuisiné? _ _ _ _ _ _ _ _ _ _ _ _ _ _ _

5. Ta pièce préférée dans ton appartement ou ta maison? _ _ _ _ _ _ _ _

6. Ton style de déco intérieur préféré? _ _ _ _ _ _ _ _ _ _ _ _ _

7. Décris ton style vestimentaire: _ _ _ _ _ _ _ _ _ _ _ _ _ _ _

8. Comment sont tes cheveux aujourd'hui? ◯ Impeccables
   ◯ Dégueu ◯ Passables

9. Empruntes-tu les vêtements de tes amies?
   ☐ ben ouais ! ☐ tellement pas !

10. Quelle est la personne qui t'encourage le plus? _ _ _ _ _ _ _ _ _ _

11. Peux-tu nommer tous les rennes du père Noël?
    ☐ ben ouais ! ☐ tellement pas !

12. Si tu as répondu oui, nomme-les! _ _ _ _ _ _ _ _ _ _ _ _ _ _

13. Aimes-tu le lait de poule? ☐ ben ouais ! ☐ tellement pas !

14. Ton mets préféré du temps des Fêtes? _ _ _ _ _ _ _ _ _ _ _ _ _

15. As-tu le cœur sensible? ☐ ben ouais ! ☐ tellement pas !

16. Si oui, qu'est-ce qui te lève le cœur? _ _ _ _ _ _ _ _ _ _ _ _

17. Es-tu du genre à manger n'importe quoi? _ _ _ _ _ _ _ _ _ _

18. En camping, tu aimes dormir dans: ◯ Une tente
    ◯ Un chalet ◯ Une roulotte

19. As-tu déjà vu un animal sauvage?
    ☐ ben ouais ! Lequel _ _ _ _ _ _ _ _ _ _ _   ☐ tellement pas !

20. Ton parc d'attractions préféré? _ _ _ _ _ _ _ _ _ _ _ _ _ _

Quel est ton style de déco intérieure préféré ?
Veillot chic

1. Mes initiales sont : _____
2. Ta race de chiens préférée? _____
3. Ton plus grand défaut? _____
4. Ta plus grande qualité? _____
5. Je connais plein de choses à propos : _____
6. Je ne connais pas grand-chose à propos : _____
7. En vacances :
   ◯ Je m'amuse avec ma famille   ◯ Je ne supporte pas ma famille
8. Le moment le plus embarrassant de ma vie : _____
9. Nomme un truc que tu rêverais de faire,
   mais que tu ne crois pas possible : _____
10. Pourquoi? _____
11. Te fixes-tu de nouveaux objectifs?
    ☐ Ouais! Quoi? _____ ☐ Pas vraiment!
12. As-tu déjà atteint un tes objectifs?
    ☐ Ouais! Quoi? _____ ☐ Pas vraiment!
13. ◯ J'adore me réveiller avec le chant des oiseaux
    ◯ Je déteste quand les oiseaux me réveillent
14. As-tu un rituel avant de t'endormir?
    ☐ Ouais! Quoi? _____ ☐ Pas vraiment!
15. As-tu un rituel quand tu te lèves le matin?
    ☐ Ouais! Quoi? _____ ☐ Pas vraiment!
16. Aimes-tu les histoires qui finissent bien? ☐ Ouais! ☐ Pas vraiment!
17. Qui t'a appris à lacer tes souliers? _____
18. Sais-tu qui est le héros/l'héroïne de ton père?
    ☐ Ouais! Qui? _____ ☐ Pas vraiment!
19. Sais-tu qui est le héros/l'héroïne de ta mère?
    ☐ Ouais! Qui? _____ ☐ Pas vraiment!
20. Qui est ton héros/tom héroïne? _____

Quelle est ta plus grande qualité ?
La loyauté

☆ ☆ ☆ ☆ ☆

1. Je m'appelle : . . . .
2. Crois-tu en la magie? ☐ **Bien sûr!** ☐ **Tellement pas!**
3. La chose la plus dégueu que tu aies mangée?. . . . .
4. Nomme un film que tu peux voir sans arrêt : . . . .
5. La pire émission de télé en ce moment? . . . .
6. As-tu déjà fait semblant d'aimer un cadeau que tu détestais?
   ☐ **Bien sûr!** ☐ **Tellement pas!**
7. Tu aimes les frites : ⭕ Juliennes ⭕ Ondulées
   ⭕ Épaisses ⭕ Gaufrées
8. Tu aimes les bagels : ⭕ Nature ⭕ Au blé entier
   ⭕ Sucrés ⭕ Toutes les sortes!
9. Tu manges ton bagel : ⭕ Sans garniture ⭕ Avec du fromage à la crème
10. Aimes-tu les jeux de société? ☐ **Bien sûr!** ☐ **Tellement pas!**
11. Quel animal aimerais-tu avoir si tu savais qu'il n'y avait aucun risque?. . . . .
12. Ton chiffre préféré? . . . .
13. Le meilleur conseil qu'on t'ait donné? . . . .
14. Le meilleur conseil que tu aies donné? . . . .
15. As-tu déjà passé une nuit entière à regarder des films?
    ☐ **Bien sûr!** ☐ **Tellement pas!**
16. As-tu déjà passé une nuit entière à parler au téléphone avec ton ami/e?
    ☐ **Bien sûr!** ☐ **Tellement pas!**
17. Commandes-tu des trucs par Internet? ☐ **Bien sûr!** ☐ **Tellement pas!**
18. Quel super-sens aimerais-tu posséder? ⭕ L'ouïe ⭕ La vue ⭕ L'odorat
19. Quel accessoire te représente le mieux? . . . .
20. Est-ce que tu le portes en ce moment? ☐ **Bien sûr!** ☐ **Tellement pas!**

1. Mes amis/es m'appellent : (nom) _

2. Je me procure ma musique : ⭕ Au magasin ⭕ Sur Internet ⭕ Les deux

3. Décris ton chum en un mot : _ _ _ _ _ _ _ _ _ _ _ _ _ _ _ _ _ _

4. Aimerais-tu être D.J. à la radio ? ☐ YEP! ☐ NOOON!

5. Si oui, quelle musique mettrais-tu ? _ _ _ _ _ _ _ _ _ _ _ _ _ _ _ _

6. 🍀 T'habilles-tu en vert le jour de la Saint-Patrick ? ☐ YEP! ☐ NOOON!

7. T'ennuies-tu des jeux d'enfant comme la chasse aux œufs ?
☐ YEP! ☐ NOOON!

8. Déposais-tu tes dents sous l'oreiller ? ☐ YEP! ☐ NOOON!

9. Sais-tu ce que veut dire RSVP ?
☐ YEP! Ça veut dire : _ _ _ _ _ _ _ _ _ _ _ _ _ _ _ ☐ NOOON!

10. Quel est ton truc pour te sortir une chanson de la tête ? _ _ _ _ _ _ _ _

11. Qu'est-ce que tu achètes quand t'as envie de faire une folie ? _ _ _ _ _ _ _

12. Es-tu plus : ⭕ Émotive ⭕ Rationnelle ⭕ 50/50 ?

13. Es-tu : ⭕ Extravertie ⭕ Introvertie ⭕ Un peu des deux ?

14. Je préfère :
⭕ Faire un pique-nique dans un parc ⭕ Faire une grande sortie

15. Le sport le plus ennuyeux à regarder ? _ _ _ _ _ _ _ _ _ _ _ _ _ _

16. À quelle célébrité ta meilleure amie te compare-t-elle ? _ _ _ _ _ _ _ _ _

17. As-tu déjà eu une prémonition ? ☐ YEP! ☐ NOOON!

18. Comment tes parents te décriraient-ils ? _ _ _ _ _ _ _ _ _ _ _ _

19. Tu trouves 50 $. Que fais-tu ? ⭕ Tu le déposes dans un compte
⭕ Tu le dépenses ⭕ Tu essaies de trouver à qui il appartient

20. Quelle émission de télé as-tu regardée hier soir ? _ _ _ _ _ _ _ _ _ _ _

J'aimerais avoir un robot pour lui faire faire les trucs que je déteste !

1. Mon nom à la naissance : _____

2. Comment dépenserais-tu 1000 $ en une journée ? _____

3. Nomme un événement que tu as organisé et qui a tourné au vinaigre : _____
_____

4. As-tu un profil sur MySpace ? ☐ Ouais ! ☐ Non !

5. Ton personnage de livre préféré ? _____

6. Ton groupe de musique préféré à vie ? _____

7. Je perds la notion du temps quand : _____

8. Aimerais-tu avoir un robot ? ☐ Ouais ! ☐ Non !

9. Tes amies viennent te voir quand elles ont besoin :
   ◯ D'encouragements   ◯ De voir la réalité en face

10. Qu'est-ce que tu fais pendant ton temps libre ? _____

11. Parles-tu à ton animal de compagnie comme s'il était un humain ?
    ☐ Ouais ! ☐ Non !

12. Es-tu du genre à : ◯ Ressasser le passé dans ta tête
    ◯ Regarder vers l'avant

13. Selon toi, combien de temps durera le monde ? _____

14. Une leçon que tu as apprise à tes dépens ? _____

15. Où es-tu en ce moment ? _____

16. À côté de qui es-tu assise en ce moment ? _____

17. Combien de fois remets-tu ton cadran le matin ? _____

18. Selon toi, qu'arrive-t-il à l'âme après la mort ? _____

19. Es-tu capable de jouer au yo-yo ?
    ☐ Ouais ! ☐ Non ! ☐ M'en fiche !

20. Aimes-tu être le centre d'attention ? ◯ Toujours
    ◯ Des fois ◯ Jamais

1. Le nom qui apparaît sur ton extrait de naissance : . . . .

2. Journée de la semaine, date et heure de ta naissance : . . . .

3. Ton premier mot ? . . . .

4. La langue que tu trouves la plus jolie ? . . . .

5. Crois-tu que tu contrôles bien ta vie ? ☐ Ouais ! ☐ Non !

6. Lis-tu les infos nutritionnelles des aliments avant de les acheter ?
   ☐ Ouais ! ☐ Non !

7. Avec qui parles-tu des trucs sérieux ? . . . .

8. Que fais-tu quand tu es fâchée ? ◯ Tu cries ◯ Tu pleures ◯ Tu ne dis rien

9. Ton plus beau souvenir ? . . . .

10. Ton pire souvenir ? . . . .

11. Es-tu du genre à : ◯ Prendre une décision rapide
    ◯ Réfléchir avant de prendre une décision ◯ Éviter de prendre une décision

12. As-tu des regrets ?
    ☐ Ouais ! Quoi ? . . . . ☐ Non !

13. Si tu avais une heure de plus par jour, qu'en ferais-tu ? . . . .

14. Décris un samedi matin typique : . . . .

15. As-tu déjà fait un tour d'hélicoptère ?
    ☐ Ouais ! ☐ Non !

16. Nomme un truc que la plupart des gens ignorent à ton sujet : . . . .

17. ◯ J'ai le pouce vert ◯ Je tue tout ce qui pousse
    ◯ Je n'ai jamais eu de plante

18. ◯ Marguerite ◯ Rose ◯ Autre : . . . .

19. Qu'est-ce qui est pire ? ◯ Se couper avec du papier ◯ Se brûler la langue

20. Je suis comme : ◯ Ma mère ◯ Mon père
    ◯ Aucun des deux – Je suis peut-être une extraterrestre !

1. Écris tous tes noms : _.
2. Un mot pour te décrire ? _ _ _ _ _ _ _ _ _ _ _ _ _ _ _ _ _ _ _
3. ⚪Licorne ⚪Pégase ⚪Dragon ⚪Autre : _ _ _ _ _ _ _ _ _ _ _
4. Es-tu déjà montée sur le guidon d'une bicyclette ? ☐ **Affirmatif !** ☐ **Ben non !**
5. Qu'est-ce que tu vois par la fenêtre de ta chambre ? _ _ _ _ _ _ _ _ _ _
6. Quel genre d'élève es-tu ? ⚪Élève modèle
   ⚪Dans la moyenne ⚪Pas super
7. Nomme un truc qui te fait pleurer de rire : _ _ _ _ _ _ _ _ _ _ _
8. Quel est ton superhéros préféré ? _ _ _ _ _ _ _ _ _ _ _ _ _ _ _
9. Qu'est-ce que tu voudrais que les gens se rappellent à ton sujet ? _ _ _ _ _
10. T'es-tu déjà fait opérer ? ☐ **Affirmatif !** Pour quoi ? _ _ _ _ _ _ _ _
    ☐ **Ben non !**
11. Ta chanson de film préférée ? _ _ _ _ _ _ _ _ _ _ _ _ _ _ _ _ _
12. Nomme un truc qui t'étonne au max : _ _ _ _ _ _ _ _ _ _ _ _ _ _
13. Quelle couleur te va le mieux : ⚪Le rose ⚪Le bleu
    ⚪Le jaune ⚪Autre : _ _ _ _ _ _ _ _ _ _ _ _ _ _
14. As-tu lu un bon livre dernièrement ? ☐ **Affirmatif !** Quoi ? _ _ _ _ _ _ _
    ☐ **Ben non !**
15. Es-tu capable de siffler une chanson ? ⚪Bien sûr ! ⚪Un petit peu
    ⚪Pas du tout
16. Un mot pour décrire les filles : _ _ _ _ _ _ _ _ _ _ _ _ _ _ _ _ _
17. Un mot pour décrire les gars : _ _ _ _ _ _ _ _ _ _ _ _ _ _ _ _
18. À la montagne, tu aimes : ⚪Faire cuire des guimauves au-dessus du feu
    ⚪Escalader les rochers ⚪Faire de la randonnée
19. Nomme un truc légal auquel tu es dépendante : _ _ _ _ _ _ _ _ _ _ _
20. Le film le plus bizarre que tu aies vu ? _ _ _ _ _ _ _ _ _ _ _ _ _ _

Un mot que j'écris toujours mal ?

NÉCESSAIRE

1. Ton nom de famille : _____

2. Ce que tu veux faire quand tu seras plus grande : _____

3. As-tu déjà participé à une compétition? ☐ oui, quoi? _____ ☐ non

4. As-tu gagné? ☐ oui, quoi? _____ ☐ non

5. Décris un dimanche matin typique : _____

6. De quoi es-tu particulièrement fière? _____

7. Nomme un mot que tu écris toujours mal : _____

8. As-tu peur des hauteurs? ☐ oui ☐ non

9. Ta sorte de gomme ou de menthe préférée : _____

10. Es-tu capable de manger avec des baguettes? ☐ oui ☐ non

11. Quel est ton parfum? _____

12. ◯ Gâteau au chocolat avec glaçage chocolaté
    ◯ Gâteau des anges avec des fruits?

13. ◯ Crayon ◯ Crayon à mine ◯ Stylo à bille ◯ Crayon-gel

14. Qu'est-ce qui est pire?
    ◯ Mal de tête ◯ Mal de dents ◯ Mal de ventre ◯ Mal de dos

15. Que choisirais-tu entre : ◯ Une moyenne de 100 % pendant un an
    ◯ Passer une année entière en compagnie du gars qui fait battre ton cœur

16. Quel est le bijou que tu portes le plus? _____

17. Qu'est-ce que tu préfères à propos de l'été? _____

18. ◯ Thé vert ◯ Thé chaud ◯ Thé glacé ◯ Biscuits à thé

19. As-tu déjà fait cuire un gâteau? ☐ oui ☐ non

20. Crois-tu : ◯ Au destin ◯ En Dieu ◯ En toi?

Mon délice glacé préféré?

Une sucette glacée à l'orange!

1. As-tu un prénom? ☐ **Oui**, je m'appelle: . . . . ☐**Non**

2. Si tu pouvais pouvais assister à un seul concert cette année, lequel choisirais-tu? . . . .

3. Décris la montre que tu portes au poignet: . . . .

4. Classe ces animaux en ordre de préférence: ◯ Aigle ◯ Cheval ◯ Guépard ◯ Dauphin ◯ Cochon

5. Es-tu bonne pour conter des blagues? ☐ **Oui** ☐ **Non**

6. Tu crois que la vie est: ◯ Juste ◯ Injuste ◯ Ça dépend de toi

7. Quel rôle aimerais-tu interpréter?
◯ Une jeune fille en détresse ◯ Un superhéros ◯ Un méchant

8. Ta plus grande question existentielle? . . . .

9. As-tu déjà fait partie de la pièce de théâtre de l'école?
☐ **Oui** Quel rôle y as-tu joué? . . . . ☐ **Non**

10. Écoutes-tu: ◯ Les paroles de la musique ◯ Juste la mélodie?

11. As-tu un dessin animé préféré? ☐ **Oui** Lequel? . . . . ☐ **Non**

12. Qu'est-ce qui est le plus mignon? ◯ Des chiots
◯ Des chatons ◯ Autre: . . . .

13. Ton personnage préféré dans un film d'animation? . . . .

14. L'animal le plus bizarre que tu aies vu? . . . .

15. ◯ Turquoise ◯ Fuchsia ◯ Vert menthe ◯ Noir
◯ Crème ◯ Violet

16. Ta marque de vêtements préférée? . . . .

17. Ta boisson froide préférée? . . . .

18. Tes amis/es te décrivent comme étant: ◯ Gentille ◯ Fiable ◯ Fofolle

19. Ton délice glacé préféré? . . . .

20. Qu'aimerais-tu faire dans 10 ans? . . . .

1. Je m'appelle: _ _ _ _ _ __ J'aimerais m'appeler: _ _ _ _ _ _ _
2. Te sens-tu mal pour les mauvais chanteurs qui auditionnent à *American Idol*?
   ☐ **Oui** ☐ **Pas vraiment**
3. Quand tu parles au téléphone: ◯ Tu marches de long en large
   ◯ Tu gesticules avec les mains ◯ Tu fais les deux
4. Est-ce que tu ris quand tu te frappes le coude? ☐ **Oui** ☐ **Pas vraiment**
5. Où aimes-tu passer tes vacances?
   ◯ Dans une grande ville ◯ Sur une plage ◯ Dans un autre pays
6. Aimes-tu lire de la poésie? ☐ **Oui** ☐ **Pas vraiment**
7. Tu es reconnue pour: ◯ Ton sens de l'humour ◯ Ton bon goût ◯ Ton talent?
8. À quel duo célèbre ta meilleure amie et toi ressemblez-vous le plus?
   ◯ Batman et Robin ◯ Scooby et Shaggy
9. Tu aimes: ◯ Mettre un peu de maquillage ◯ Mettre beaucoup de maquillage
10. Es-tu: ◯ Mademoiselle Aventure ◯ Mademoiselle Leader
    ◯ Mademoiselle Informée
11. Ton légume préféré? _ _ _ _ _ _ _ _ _ _ _ _ _ _
12. ◯ Restaurant-minute ◯ Restaurant thématique ◯ Restaurant chic?
13. Que fais-tu quand tu n'arrives pas à dormir?
14. Ton auto de rêve est: ◯ Un méga-utilitaire sport
    ◯ Une mini-auto sport ◯ Une limousine
15. ◯ Mac ◯ PC?
16. As-tu déjà fait partie d'un fan-club? ☐ **Oui** Lequel? _ _ _ _ _ ☐ Non
17. As-tu l'autographe d'une célébrité? ☐ **Oui** Qui? _ _ _ _ _ ☐ Non
18. Oses-tu le dire quand quelqu'un a de la nourriture coincée entre les dents?
    ☐ **Oui** ☐ Non
19. Ton animal de compagnie sait-il faire un truc vraiment cool?
    ☐ **Oui** Quoi? _ _ _ _ _ _ _ _ _ _ _ _ _ _ ☐ Non
20. Ta décoration murale préférée? _ _ _ _ _ _ _ _ _ _ _ _

ta malbouffe préférée?
les croustilles

1. Ton nom? _____
2. Tu aimes la pizza : ⚪ Croûte épaisse ⚪ Croûte mince
   ⚪ Sicilienne ⚪ Farcie
3. Qu'est-ce que tu aimes mettre dans ton eau? ⚪ Du citron
   ⚪ De la lime ⚪ Rien du tout
4. Es-tu déjà passée à la télévision? ☐ Si **oui**, pourquoi? _____ ☐ **jamais**
5. Qui a la vie plus facile? ⚪ Les filles ⚪ Les gars
6. Ta sorte de croustilles préférée : ⚪ Crème sure et oignon ⚪ Barbecue
   ⚪ Cheddar ⚪ Nature ⚪ Ketchup ⚪ Assaisonnées
7. Ta sorte de gelée, de confiture ou de compote préférée?_____
8. Que fais-tu quand tu es coincée dans une longue file d'attente?
   ⚪ Tu regardes ta montre ⚪ Tu marmonnes tout haut
   ⚪ Tu prends ton mal en patience
9. ⚪ Banane ⚪ Pain aux bananes et aux noix ⚪ Tarte à la crème aux bananes
10. As-tu de la difficulté à demander pardon? ☐ **oui** ☐ **jamais**
11. ⚪ Œufs brouillés ⚪ Œufs frits ⚪ Œufs pochés
    ⚪ Œufs à la coque ⚪ Je n'aime pas les œufs
12. Le livre le plus ennuyeux que tu aies lu? _____
13. Ton type de viande préféré? _____
14. Qu'est-ce que tu préfères manger au cinéma?
    ⚪ Maïs soufflé ⚪ Réglisse ⚪ Nachos ⚪ Autre : _____
15. Dans quelle émission de télé aimerais-tu jouer?_____
16. Nomme un truc que tu adores et que la plupart des gens détestent : _____
17. Crois-tu parfois que tu es folle? ⚪ Tout le temps ⚪ Des fois
    ⚪ Non, ce sont les autres qui sont fous!
18. Ta malbouffe préférée? _____
19. Fais-tu des siestes? ☐ **oui** ☐ **jamais**
20. Ailes de poulet : ⚪ Originales ⚪ Extra-croustillantes ⚪ Piquantes

un mot que je n'aime pas entendre?

sang

1. Ton prénom épelé à l'envers?. . . . .
2. Le dernier film que tu as vu? . . . .
3. ◯ Taco ◯ Burrito ◯ Enchilada ◯ Fajita
4. Quelle est ta sonnerie de cellulaire?. . . . .
5. Quelle est la couleur la plus populaire dans ta garde-robe?. . . . .
6. L'animal arctique le plus cool? ◯ Pingouin ◯ Ours polaire
   ◯ Phoque du Groenland ◯ Épaulard
7. Es-tu du genre à avoir: ◯ Trop chaud ◯ Trop froid?
8. Es-tu allergique à quelque chose?
   ☐ hum, oui, à : _____ ☐ hum, non
9. Ton CD préféré en ce moment?. . . . .
10. As-tu de la difficulté à admettre tes torts? ☐ hum, oui ☐ hum, non
11. Ton acteur préféré? . . . .
12. Ton actrice préférée?. . . . .
13. La matière que tu aimes le moins à l'école?. . . . .
14. As-tu déjà ouvert une porte même si c'était écrit de ne pas l'ouvrir ?
    ☐ hum, oui ☐ hum, non
15. Nomme un mot que tu n'aimes pas entendre: . . . .
16. Comment as-tu rencontré ton chum? . . . .
17. Avec quelle célébrité tu ne voudrais jamais changer de place? . . . .
18. Étudies-tu: ◯ Dans le silence complet
    ◯ Avec de la musique ◯ Avec la télé allumée?
19. Combien de paires de souliers possèdes-tu? ◯ 10 ou moins
    ◯ 10 à 20 ◯ Plus de 20
20. Ton sandwich préféré? . . . .

1. Je m'appelle : _____

2. J'aimerais m'appeler : _____

3. Est-ce que tes parents t'ont déjà fait honte ? ☐ **C'est clair !** ☐ **Négatif !**

4. De quelle façon t'ont-ils fait honte ? _____

5. Avec quelle célébrité aimerais-tu changer de place ? _____

6. Si tu pouvais inventer quelque chose, que choisirais-tu ? _____

7. Combien de dents as-tu ? _____

8. Te blanchis-tu les dents ? ☐ **Oui**, avec les produits vendus à la pharmacie
   ☐ **Oui**, chez le dentiste   ☐ **Non**

9. Combien de fois par jour te brosses-tu les dents ? _____

10. Les règles sont faites pour : ◯ Être respectées
    ◯ Établir une ligne de conduite   ◯ Être enfreintes

11. La pire erreur que tu aies faite du point de vue vestimentaire ? _____

12. La chose qui t'énerve le plus à propos de l'école ? _____

13. La chose que tu préfères à propos de l'école ? _____

14. Fais-tu de l'exercice physique ? ☐ **C'est clair !** ☐ **Négatif !** ☐ **Des fois**

15. Si tu as répondu oui au #14, quel genre d'exercice fais-tu ? _____

16. Le truc le plus dégueu que tu aies mangé ? _____

17. ◯ Pourquoi remettre à demain ce qu'on peut faire aujourd'hui ?
    ◯ Pourquoi faire aujourd'hui ce qu'on peut remettre à demain ?

18. Les jeunes enfants sont : ◯ Amusants ◯ Énervants ?

19. Tu fais tes travaux scolaires : ◯ Bien en avance
    ◯ Quelques jours d'avance ◯ La veille

20. Tu étudies : ◯ Seule ◯ Avec un/une ami/e ◯ En groupe ◯ jamais

1. Ton prénom, ton second prénom et ton nom de famille : . . . .
2. Lis-tu les instructions avant d'assembler un objet? ☐ Bien sûr ! ☐ Pas du tout !
3. Ton année préférée à l'école : . . . .
4. L'adulte le plus cool que tu connaisses? . . . .
5. ◯ Petite ville ◯ Grosse ville? Ta ville préférée? . . . .
6. À qui as-tu le plus de facilité à acheter un cadeau? . . . .
7. ◯ Vraie mayo ◯ Mayo allégée ◯ Mayo sans gras Beurk !
8. Tu raffoles des patates : ◯ frites ◯ rissolées
   ◯ au four ◯ des croustilles ◯ pilées?
9. Qu'est-ce qui est pire : ◯ Des choux de Bruxelles ◯ Des épinards?
10. Aimes-tu les films étrangers?
    ☐ Bien sûr ! ☐ Pas du tout ! Les sous-titres me rendent folle !
11. T'es-tu déjà promenée en public avec la braguette ouverte?
    ☐ Bien sûr ! ☐ Pas du tout !
12. T'es-tu déjà promenée en public avec du papier de toilette coincé sous ton soulier?
    ☐ Bien sûr ! ☐ Pas du tout !
13. As-tu déjà oublié d'enlever l'étiquette de prix d'un vêtement avant de le porter?
    ☐ Bien sûr ! ☐ Pas du tout !
14. À quoi te fait penser le mot orange? . . . .
15. À quoi te fait penser la couleur rouge? . . . .
16. Quelle est la couleur la plus apaisante? . . . .
17. Oserais-tu marcher sous une échelle? ☐ Bien sûr! ☐ Pas du tout!
18. Oserais-tu ouvrir un parapluie à l'intérieur de la maison?
    ☐ Bien sûr! ☐ Pas du tout!
19. As-tu déjà trébuché devant tout le monde? ☐ Bien sûr! ☐ Pas du tout!
20. La personne la plus intelligente que tu connaisses? . . . .

à quoi te fait penser la couleur rouge ?
à du brillant à lèvres

1. Ton nom, s'il te plaît? _ _ _ _ _ _ _ _ _ _ _ _ _ _ _ _ _

2. La dernière fois que tu as lu le journal? _ _ _ _ _ _ _ _ _ _ _ _ _

3. La dernière fois que tu as consulté un dictionnaire? _ _ _ _ _ _ _ _

4. Le dernier plat que tu as cuisiné? _ _ _ _ _ _ _ _ _ _ _ _ _ _

5. Ta pièce préférée dans ton appartement ou ta maison? _ _ _ _ _ _ _

6. Ton style de déco intérieure préféré? _ _ _ _ _ _ _ _ _ _ _ _ _

7. Décris ton style vestimentaire: _ _ _ _ _ _ _ _ _ _ _ _ _ _ _ _ _

8. Comment sont tes cheveux aujourd'hui? ⬤ Impeccables
   ⬤ Dégueu ⬤ Passables

9. Empruntes-tu les vêtements de tes amies?
   ☐ ben ouais ! ☐ tellement pas !

10. Quelle est la personne qui t'encourage le plus? _ _ _ _ _ _ _ _ _ _ _

11. Peux-tu nommer tous les rennes du père Noël?
    ☐ ben ouais ! ☐ tellement pas !

12. Si tu as répondu oui, nomme-les! _ _ _ _ _ _ _ _ _ _ _ _ _ _

13. Aimes-tu le lait de poule? ☐ ben ouais ! ☐ tellement pas !

14. Ton mets préféré du temps des Fêtes? _ _ _ _ _ _ _ _ _ _ _ _ _

15. As-tu le cœur sensible? ☐ ben ouais ! ☐ tellement pas !

16. Si oui, qu'est-ce qui te lève le cœur? _ _ _ _ _ _ _ _ _ _ _ _ _

17. Es-tu du genre à manger n'importe quoi? _ _ _ _ _ _ _ _ _ _ _

18. En camping, tu aimes dormir dans: ⬤ Une tente
    ⬤ Un chalet ⬤ Une roulotte

19. As-tu déjà vu un animal sauvage?
    ☐ ben ouais ! Lequel _ _ _ _ _ _ _ _ _ _ _ ☐ tellement pas !

20. Ton parc d'attractions préféré? _ _ _ _ _ _ _ _ _ _ _ _ _ _

Quel est ton style de déco intérieure préféré ?
Veillot chic

1. Mes initiales sont : _____
2. Ta race de chiens préférée ? _____
3. Ton plus grand défaut ? _____
4. Ta plus grande qualité ? _____
5. Je connais plein de choses à propos : _____
6. Je ne connais pas grand-chose à propos : _____
7. En vacances :
   ◯ Je m'amuse avec ma famille ◯ Je ne supporte pas ma famille
8. Le moment le plus embarrassant de ma vie : _____
9. Nomme un truc que tu rêverais de faire,
   mais que tu ne crois pas possible : _____
10. Pourquoi ? _____
11. Te fixes-tu de nouveaux objectifs ?
    ☐ Ouais ! Quoi ? _____ ☐ Pas vraiment !
12. As-tu déjà atteint un tes objectifs ?
    ☐ Ouais ! Quoi ? _____ ☐ Pas vraiment !
13. ◯ J'adore me réveiller avec le chant des oiseaux
    ◯ Je déteste quand les oiseaux me réveillent
14. As-tu un rituel avant de t'endormir ?
    ☐ Ouais ! Quoi ? _____ ☐ Pas vraiment !
15. As-tu un rituel quand tu te lèves le matin ?
    ☐ Ouais ! Quoi ? _____ ☐ Pas vraiment !
16. Aimes-tu les histoires qui finissent bien ? ☐ Ouais ! ☐ Pas vraiment !
17. Qui t'a appris à lacer tes souliers ? _____
18. Sais-tu qui est le héros/l'héroïne de ton père ?
    ☐ Ouais ! Qui ? _____ ☐ Pas vraiment !
19. Sais-tu qui est le héros/l'héroïne de ta mère ?
    ☐ Ouais ! Qui ? _____ ☐ Pas vraiment !
20. Qui est ton héros/tom héroïne ? _____

Quelle est ta plus grande qualité ?
La loyauté

☆ ☆ ☆ ☆ ☆

1. Je m'appelle : . . . .
2. Crois-tu en la magie? ☐ **Bien sûr!** ☐ **Tellement pas!**
3. La chose la plus dégueu que tu aies mangée?. . . . .
4. Nomme un film que tu peux voir sans arrêt: . . . .
5. La pire émission de télé en ce moment? . . . .
6. As-tu déjà fait semblant d'aimer un cadeau que tu détestais?
   ☐ **Bien sûr!** ☐ **Tellement pas!**
7. Tu aimes les frites : ◯ Juliennes ◯ Ondulées
   ◯ Épaisses ◯ Gaufrées
8. Tu aimes les bagels : ◯ Nature ◯ Au blé entier
   ◯ Sucrés ◯ Toutes les sortes!
9. Tu manges ton bagel : ◯ Sans garniture ◯ Avec du fromage à la crème
10. Aimes-tu les jeux de société? ☐ **Bien sûr!** ☐ **Tellement pas!**
11. Quel animal aimerais-tu avoir si tu savais qu'il n'y avait aucun risque?. . . . .
12. Ton chiffre préféré? . . . .
13. Le meilleur conseil qu'on t'ait donné? . . . .
14. Le meilleur conseil que tu aies donné? . . . .
15. As-tu déjà passé une nuit entière à regarder des films?
    ☐ **Bien sûr!** ☐ **Tellement pas!**
16. As-tu déjà passé une nuit entière à parler au téléphone avec ton ami/e?
    ☐ **Bien sûr!** ☐ **Tellement pas!**
17. Commandes-tu des trucs par Internet? ☐ **Bien sûr!** ☐ **Tellement pas!**
18. Quel super-sens aimerais-tu posséder? ◯ L'ouïe ◯ La vue ◯ L'odorat
19. Quel accessoire te représente le mieux? . . . .
20. Est-ce que tu le portes en ce moment? ☐ **Bien sûr!** ☐ **Tellement pas!**

1. Mes amis/es m'appellent : (nom)_ _ _ _ _ _ _ _ _ _ _ _ _ _ _ _ _ _ _

2. Je me procure ma musique : ◯ Au magasin ◯ Sur Internet ◯ Les deux

3. Décris ton chum en un mot : _ _ _ _ _ _ _ _ _ _ _ _ _ _ _ _ _ _ _

4. Aimerais-tu être D.J. à la radio ? ☐ YEP! ☐ NOOON!

5. Si oui, quelle musique mettrais-tu ? _ _ _ _ _ _ _ _ _ _ _ _ _ _ _ _ _

6. T'habilles-tu en vert le jour de la Saint-Patrick ? ☐ YEP! ☐ NOOON!

7. T'ennuies-tu des jeux d'enfant comme la chasse aux œufs ?
☐ YEP! ☐ NOOON!

8. Déposais-tu tes dents sous l'oreiller ? ☐ YEP! ☐ NOOON!

9. Sais-tu ce que veut dire RSVP ?
☐ YEP! Ça veut dire : _ _ _ _ _ _ _ _ _ _ _ _ _ _ _ _ ☐ NOOON!

10. Quel est ton truc pour te sortir une chanson de la tête ? _ _ _ _ _ _ _

11. Qu'est-ce que tu achètes quand t'as envie de faire une folie ? _ _ _ _ _

12. Es-tu plus : ◯ Émotive ◯ Rationnelle ◯ 50/50 ?

13. Es-tu : ◯ Extravertie ◯ Introvertie ◯ Un peu des deux ?

14. Je préfère :
◯ Faire un pique-nique dans un parc ◯ Faire une grande sortie

15. Le sport le plus ennuyeux à regarder ? _ _ _ _ _ _ _ _ _ _ _ _

16. À quelle célébrité ta meilleure amie te compare-t-elle ? _ _ _ _ _ _ _

17. As-tu déjà eu une prémonition ? ☐ YEP! ☐ NOOON!

18. Comment tes parents te décriraient-ils ? _ _ _ _ _ _ _ _ _ _ _ _

19. Tu trouves 50 $. Que fais-tu ? ◯ Tu le déposes dans un compte
◯ Tu le dépenses ◯ Tu essaies de trouver à qui il appartient

20. Quelle émission de télé as-tu regardée hier soir ? _ _ _ _ _ _ _ _

1. Mon nom à la naissance : _____
2. Comment dépenserais-tu 1000 $ en une journée? _____
3. Nomme un événement que tu as organisé et qui a tourné au vinaigre : _____
   _____

4. As-tu un profil sur MySpace? ☐ Ouais ! ☐ Non !
5. Ton personnage de livre préféré? _____
6. Ton groupe de musique préféré à vie? _____
7. Je perds la notion du temps quand : _____
8. Aimerais-tu avoir un robot? ☐ Ouais ! ☐ Non !
9. Tes amies viennent te voir quand elles ont besoin :
   ◯ D'encouragements ◯ De voir la réalité en face
10. Qu'est-ce que tu fais pendant ton temps libre? _____
11. Parles-tu à ton animal de compagnie comme s'il était un humain?
    ☐ Ouais ! ☐ Non !
12. Es-tu du genre à : ◯ Ressasser le passé dans ta tête
    ◯ Regarder vers l'avant
13. Selon toi, combien de temps durera le monde? _____
14. Une leçon que tu as apprise à tes dépens? _____
15. Où es-tu en ce moment? _____
16. À côté de qui es-tu assise en ce moment? _____
17. Combien de fois remets-tu ton cadran le matin? _____
18. Selon toi, qu'arrive-t-il à l'âme après la mort? _____
19. Es-tu capable de jouer au yo-yo?
    ☐ Ouais ! ☐ Non ! ☐ M'en fiche !
20. Aimes-tu être le centre d'attention? ◯ Toujours
    ◯ Des fois ◯ Jamais

1. Le nom qui apparaît sur ton extrait de naissance : . . . .
2. Journée de la semaine, date et heure de ta naissance : . . . .
3. Ton premier mot ? . . . .
4. La langue que tu trouves la plus jolie ? . . . .
5. Crois-tu que tu contrôles bien ta vie ? ☐ Ouais ! ☐ Non !
6. Lis-tu les infos nutritionnelles des aliments avant de les acheter ?
   ☐ Ouais ! ☐ Non !
7. Avec qui parles-tu des trucs sérieux ? . . . .
8. Que fais-tu quand tu es fâchée ? ◯ Tu cries ◯ Tu pleures ◯ Tu ne dis rien
9. Ton plus beau souvenir ? . . . .
10. Ton pire souvenir ? . . . .
11. Es-tu du genre à : ◯ Prendre une décision rapide
   ◯ Réfléchir avant de prendre une décision ◯ Éviter de prendre une décision
12. As-tu des regrets ?
   ☐ Ouais ! Quoi ? . . . . ☐ Non !
13. Si tu avais une heure de plus par jour, qu'en ferais-tu ? . . . .
14. Décris un samedi matin typique : . . . .
15. As-tu déjà fait un tour d'hélicoptère ?
   ☐ Ouais ! ☐ Non !
16. Nomme un truc que la plupart des gens ignorent à ton sujet : . . . .
17. ◯ J'ai le pouce vert ◯ Je tue tout ce qui pousse
   ◯ Je n'ai jamais eu de plante
18. ◯ Marguerite ◯ Rose ◯ Autre : . . . .
19. Qu'est-ce qui est pire ? ◯ Se couper avec du papier ◯ Se brûler la langue
20. Je suis comme : ◯ Ma mère ◯ Mon père
   ◯ Aucun des deux – Je suis peut-être une extraterrestre !

Un truc légal auquel je suis dépendante ? Le coke diète !

1. Écris tous tes noms : _ _ _ _ _ _ _ _ _ _ _ _ _ _ _ _ _ _
2. Un mot pour te décrire ? _ _ _ _ _ _ _ _ _ _ _ _ _ _ _ _
3. ◯ Licorne   ◯ Pégase   ◯ Dragon   ◯ Autre : _ _ _ _ _ _ _ _ _ _ _
4. Es-tu déjà montée sur le guidon d'une bicyclette ? ☐ Affirmatif ! ☐ Ben non !
5. Qu'est-ce que tu vois par la fenêtre de ta chambre ? _ _ _ _ _ _ _ _ _
6. Quel genre d'élève es-tu ? ◯ Élève modèle
   ◯ Dans la moyenne   ◯ Pas super
7. Nomme un truc qui te fait pleurer de rire : _ _ _ _ _ _ _ _ _ _
8. Quel est ton superhéros préféré ? _ _ _ _ _ _ _ _ _ _
9. Qu'est-ce que tu voudrais que les gens se rappellent à ton sujet ? _ _ _ _ _
10. T'es-tu déjà fait opérer ? ☐ Affirmatif ! Pour quoi ? _ _ _ _ _ _ _ _
    ☐ Ben non !
11. Ta chanson de film préférée ? _ _ _ _ _ _ _ _ _ _ _ _ _ _ _
12. Nomme un truc qui t'étonne au max : _ _ _ _ _ _ _ _ _ _ _ _ _ _ _ _
13. Quelle couleur te va le mieux : ◯ Le rose   ◯ Le bleu
    ◯ Le jaune   ◯ Autre : _ _ _ _ _ _ _ _ _ _
14. As-tu lu un bon livre dernièrement ? ☐ Affirmatif ! Quoi ? _ _ _ _ _ _ _
    ☐ Ben non !
15. Es-tu capable de siffler une chanson ? ◯ Bien sûr !   ◯ Un petit peu
    ◯ Pas du tout
16. Un mot pour décrire les filles : _ _ _ _ _ _ _ _ _ _ _ _ _ _ _ _ _
17. Un mot pour décrire les gars : _ _ _ _ _ _ _ _ _ _ _ _ _ _ _ _
18. À la montagne, tu aimes : ◯ Faire cuire des guimauves au-dessus du feu
    ◯ Escalader les rochers   ◯ Faire de la randonnée
19. Nomme un truc légal auquel tu es dépendante : _ _ _ _ _ _ _ _ _ _
20. Le film le plus bizarre que tu aies vu ? _ _ _ _ _ _ _ _ _ _ _ _ _ _

Un mot
que j'écris
toujours mal ?

NÉCESSAIRE

1. Ton nom de famille : _____

2. Ce que tu veux faire quand tu seras plus grande : _____

3. As-tu déjà participé à une compétition? ☐ oui, quoi? _____ ☐ non

4. As-tu gagné? ☐ oui, quoi? _____ ☐ non

5. Décris un dimanche matin typique : _____

6. De quoi es-tu particulièrement fière? _____

7. Nomme un mot que tu écris toujours mal : _____

8. As-tu peur des hauteurs? ☐ oui ☐ non

9. Ta sorte de gomme ou de menthe préférée : _____

10. Es-tu capable de manger avec des baguettes? ☐ oui ☐ non

11. Quel est ton parfum? _____

12. ◯ Gâteau au chocolat avec glaçage chocolaté
    ◯ Gâteau des anges avec des fruits?

13. ◯ Crayon ◯ Crayon à mine ◯ Stylo à bille ◯ Crayon-gel

14. Qu'est-ce qui est pire?
    ◯ Mal de tête ◯ Mal de dents ◯ Mal de ventre ◯ Mal de dos

15. Que choisirais-tu entre : ◯ Une moyenne de 100 % pendant un an
    ◯ Passer une année entière en compagnie du gars qui fait battre ton cœur

16. Quel est le bijou que tu portes le plus? _____

17. Qu'est-ce que tu préfères à propos de l'été? _____

18. ◯ Thé vert ◯ Thé chaud ◯ Thé glacé ◯ Biscuits à thé

19. As-tu déjà fait cuire un gâteau? ☐ oui ☐ non

20. Crois-tu : ◯ Au destin ◯ En Dieu ◯ En toi?

1. As-tu un prénom? ☐ **Oui**, je m'appelle : . . . . ☐ **Non**
2. Si tu pouvais pouvais assister à un seul concert cette année, lequel choisirais-tu? . . . .
3. Décris la montre que tu portes au poignet : . . . .
4. Classe ces animaux en ordre de préférence : ◯ Aigle ◯ Cheval ◯ Guépard ◯ Dauphin ◯ Cochon
5. Es-tu bonne pour conter des blagues? ☐ **Oui** ☐ **Non**
6. Tu crois que la vie est : ◯ Juste ◯ Injuste ◯ Ça dépend de toi
7. Quel rôle aimerais-tu interpréter?
◯ Une jeune fille en détresse ◯ Un superhéros ◯ Un méchant
8. Ta plus grande question existentielle? . . . .
9. As-tu déjà fait partie de la pièce de théâtre de l'école?
☐ **Oui** Quel rôle y as-tu joué? . . . . ☐ **Non**
10. Écoutes-tu : ◯ Les paroles de la musique ◯ Juste la mélodie?
11. As-tu un dessin animé préféré? ☐ **Oui** Lequel? . . . . . . ☐ **Non**
12. Qu'est-ce qui est le plus mignon? ◯ Des chiots ◯ Des chatons ◯ Autre : . . . .
13. Ton personnage préféré dans un film d'animation? . . . .
14. L'animal le plus bizarre que tu aies vu? . . . .
15. ◯ Turquoise ◯ Fuchsia ◯ Vert menthe ◯ Noir ◯ Crème ◯ Violet
16. Ta marque de vêtements préférée? . . . .
17. Ta boisson froide préférée?
18. Tes amis/es te décrivent comme étant : ◯ Gentille ◯ Fiable ◯ Fofolle
19. Ton délice glacé préféré?. . . . .
20. Qu'aimerais-tu faire dans 10 ans?. . . . .

1. Je m'appelle: _ _ _ _ _ _ _   J'aimerais m'appeler: _ _ _ _ _ _ _ _

2. Te sens-tu mal pour les mauvais chanteurs qui auditionnent à *American Idol*?
   ☐ **Oui** ☐ **Pas vraiment**

3. Quand tu parles au téléphone: ◯ Tu marches de long en large
   ◯ Tu gesticules avec les mains ◯ Tu fais les deux

4. Est-ce que tu ris quand tu te frappes le coude? ☐ **Oui** ☐ **Pas vraiment**

5. Où aimes-tu passer tes vacances?
   ◯ Dans une grande ville ◯ Sur une plage ◯ Dans un autre pays

6. Aimes-tu lire de la poésie? ☐ **Oui** ☐ **Pas vraiment**

7. Tu es reconnue pour: ◯ Ton sens de l'humour ◯ Ton bon goût ◯ Ton talent?

8. À quel duo célèbre ta meilleure amie et toi ressemblez-vous le plus?
   ◯ Batman et Robin ◯ Scooby et Shaggy

9. Tu aimes: ◯ Mettre un peu de maquillage ◯ Mettre beaucoup de maquillage

10. Es-tu: ◯ Mademoiselle Aventure ◯ Mademoiselle Leader
    ◯ Mademoiselle Informée

11. Ton légume préféré? _ _ _ _ _ _ _ _ _ _ _ _ _ _ _

12. ◯ Restaurant-minute ◯ Restaurant thématique ◯ Restaurant chic?

13. Que fais-tu quand tu n'arrives pas à dormir?

14. Ton auto de rêve est: ◯ Un méga-utilitaire sport
    ◯ Une mini-auto sport ◯ Une limousine

15. ◯ Mac ◯ PC?

16. As-tu déjà fait partie d'un fan-club? ☐ **Oui** Lequel? _ _ _ _ _ ☐ **Non**

17. As-tu l'autographe d'une célébrité? ☐ **Oui** Qui? _ _ _ _ _ _ ☐ **Non**

18. Oses-tu le dire quand quelqu'un a de la nourriture coincée entre les dents?
    ☐ **Oui** ☐ **Non**

19. Ton animal de compagnie sait-il faire un truc vraiment cool?
    ☐ **Oui** Quoi? _ _ _ _ _ _ _ _ _ _ _ _ _ _ _ _ _ _ _ ☐ **Non**

20. Ta décoration murale préférée? _ _ _ _ _ _ _ _ _ _ _ _ _ _ _ _

ta malbouffe préférée?
les croustilles

1. Ton nom? _____
2. Tu aimes la pizza : ◯ Croûte épaisse ◯ Croûte mince
   ◯ Sicilienne ◯ Farcie
3. Qu'est-ce que tu aimes mettre dans ton eau? ◯ Du citron
   ◯ De la lime ◯ Rien du tout
4. Es-tu déjà passée à la télévision? ☐ Si **oui**, pourquoi? _____ ☐ **jamais**
5. Qui a la vie plus facile? ◯ Les filles ◯ Les gars
6. Ta sorte de croustilles préférée : ◯ Crème sure et oignon ◯ Barbecue
   ◯ Cheddar ◯ Nature ◯ Ketchup ◯ Assaisonnées
7. Ta sorte de gelée, de confiture ou de compote préférée?_____
8. Que fais-tu quand tu es coincée dans une longue file d'attente?
   ◯ Tu regardes ta montre ◯ Tu marmonnes tout haut
   ◯ Tu prends ton mal en patience
9. ◯ Banane ◯ Pain aux bananes et aux noix ◯ Tarte à la crème aux bananes
10. As-tu de la difficulté à demander pardon? ☐ **oui** ☐ **jamais**
11. ◯ Œufs brouillés ◯ Œufs frits ◯ Œufs pochés
    ◯ Œufs à la coque ◯ Je n'aime pas les œufs
12. Le livre le plus ennuyeux que tu aies lu? _____
13. Ton type de viande préféré? _____
14. Qu'est-ce que tu préfères manger au cinéma?
    ◯ Maïs soufflé ◯ Réglisse ◯ Nachos ◯ Autre : _____
15. Dans quelle émission de télé aimerais-tu jouer?_____
16. Nomme un truc que tu adores et que la plupart des gens détestent : _____
17. Crois-tu parfois que tu es folle? ◯ Tout le temps ◯ Des fois
    ◯ Non, ce sont les autres qui sont fous!
18. Ta malbouffe préférée?_____
19. Fais-tu des siestes? ☐ **oui** ☐ **jamais**
20. Ailes de poulet : ◯ Originales ◯ Extra-croustillantes ◯ Piquantes

1. Ton prénom épelé à l'envers? . . . .
2. Le dernier film que tu as vu? . . . .
3. ◯ Taco ◯ Burrito ◯ Enchilada ◯ Fajita
4. Quelle est ta sonnerie de cellulaire? . . . .
5. Quelle est la couleur la plus populaire dans ta garde-robe? . . . .
6. L'animal arctique le plus cool? ◯ Pingouin ◯ Ours polaire
   ◯ Phoque du Groenland ◯ Épaulard
7. Es-tu du genre à avoir : ◯ Trop chaud ◯ Trop froid?
8. Es-tu allergique à quelque chose?
   ☐ hum, oui, à : _____ ☐ hum, non
9. Ton CD préféré en ce moment? . . . .
10. As-tu de la difficulté à admettre tes torts? ☐ hum, oui ☐ hum, non
11. Ton acteur préféré? . . . .
12. Ton actrice préférée? . . . .
13. La matière que tu aimes le moins à l'école? . . . .
14. As-tu déjà ouvert une porte même si c'était écrit de ne pas l'ouvrir ?
    ☐ hum, oui ☐ hum, non
15. Nomme un mot que tu n'aimes pas entendre : . . . .
16. Comment as-tu rencontré ton chum? . . . .
17. Avec quelle célébrité tu ne voudrais jamais changer de place? . . . .
18. Étudies-tu : ◯ Dans le silence complet
    ◯ Avec de la musique ◯ Avec la télé allumée?
19. Combien de paires de souliers possèdes-tu? ◯ 10 ou moins
    ◯ 10 à 20 ◯ Plus de 20
20. Ton sandwich préféré? . . . .

1. Je m'appelle : _____

2. J'aimerais m'appeler : _____

3. Est-ce que tes parents t'ont déjà fait honte ? ☐ C'est clair ! ☐ Négatif !

4. De quelle façon t'ont-ils fait honte ? _____

5. Avec quelle célébrité aimerais-tu changer de place ? _____

6. Si tu pouvais inventer quelque chose, que choisirais-tu ? _____

7. Combien de dents as-tu ? _____

8. Te blanchis-tu les dents ? ☐ Oui, avec les produits vendus à la pharmacie
   ☐ Oui, chez le dentiste ☐ Non

9. Combien de fois par jour te brosses-tu les dents ? _____

10. Les règles sont faites pour : ◯ Être respectées
    ◯ Établir une ligne de conduite ◯ Être enfreintes

11. La pire erreur que tu aies faite du point de vue vestimentaire ? _____

12. La chose qui t'énerve le plus à propos de l'école ? _____

13. La chose que tu préfères à propos de l'école ? _____

14. Fais-tu de l'exercice physique ? ☐ C'est clair ! ☐ Négatif ! ☐ Des fois

15. Si tu as répondu oui au #14, quel genre d'exercice fais-tu ? _____

16. Le truc le plus dégueu que tu aies mangé ? _____

17. ◯ Pourquoi remettre à demain ce qu'on peut faire aujourd'hui ?
    ◯ Pourquoi faire aujourd'hui ce qu'on peut remettre à demain ?

18. Les jeunes enfants sont : ◯ Amusants ◯ Énervants ?

19. Tu fais tes travaux scolaires : ◯ Bien en avance
    ◯ Quelques jours d'avance ◯ La veille

20. Tu étudies : ◯ Seule ◯ Avec un/une ami/e ◯ En groupe ◯ jamais

1. Ton prénom, ton second prénom et ton nom de famille : . . . .
2. Lis-tu les instructions avant d'assembler un objet ? ☐ Bien sûr ! ☐ Pas du tout !
3. Ton année préférée à l'école : . . . .
4. L'adulte le plus cool que tu connaisses ? . . . .
5. ○ Petite ville ○ Grosse ville ? Ta ville préférée ? . . . .
6. À qui as-tu le plus de facilité à acheter un cadeau ? . . . .
7. ○ Vraie mayo ○ Mayo allégée ○ Mayo sans gras Beurk !
8. Tu raffoles des patates : ○ frites ○ rissolées
   ○ au four ○ des croustilles ○ pilées ?
9. Qu'est-ce qui est pire : ○ Des choux de Bruxelles ○ Des épinards ?
10. Aimes-tu les films étrangers ?
    ☐ Bien sûr ! ☐ Pas du tout ! Les sous-titres me rendent folle !
11. T'es-tu déjà promenée en public avec la braguette ouverte ?
    ☐ Bien sûr ! ☐ Pas du tout !
12. T'es-tu déjà promenée en public avec du papier de toilette coincé sous ton soulier ?
    ☐ Bien sûr ! ☐ Pas du tout !
13. As-tu déjà oublié d'enlever l'étiquette de prix d'un vêtement avant de le porter ?
    ☐ Bien sûr ! ☐ Pas du tout !
14. À quoi te fait penser le mot orange ? . . . .
15. À quoi te fait penser la couleur rouge ? . . . .
16. Quelle est la couleur la plus apaisante ? . . . .
17. Oserais-tu marcher sous une échelle ? ☐ Bien sûr! ☐ Pas du tout!
18. Oserais-tu ouvrir un parapluie à l'intérieur de la maison ?
    ☐ Bien sûr! ☐ Pas du tout!
19. As-tu déjà trébuché devant tout le monde ? ☐ Bien sûr! ☐ Pas du tout!
20. La personne la plus intelligente que tu connaisses ? . . . .

à quoi te fait penser la couleur rouge?
à du brillant à lèvres

1. Ton nom, s'il te plaît? _ _ _ _ _ _ _ _ _ _ _ _ _ _ _

2. La dernière fois que tu as lu le journal? _ _ _ _ _ _ _ _ _ _ _

3. La dernière fois que tu as consulté un dictionnaire? _ _ _ _ _ _ _ _

4. Le dernier plat que tu as cuisiné? 🥘 _ _ _ _ _ _ _ _ _ _ _

5. Ta pièce préférée dans ton appartement ou ta maison? _ _ _ _ _ _ _

6. Ton style de déco intérieur préféré? _ _ _ _ _ _ _ _ _ _ _ _

7. Décris ton style vestimentaire : _ _ _ _ _ _ _ _ _ _ _ _ _

8. Comment sont tes cheveux aujourd'hui? ◯ Impeccables
   ◯ Dégueu ◯ Passables

9. Empruntes-tu les vêtements de tes amies?
   ☐ ben ouais !   ☐ tellement pas !

10. Quelle est la personne qui t'encourage le plus? _ _ _ _ _ _ _ _ _

11. Peux-tu nommer tous les rennes du père Noël?
    ☐ ben ouais !   ☐ tellement pas !

12. Si tu as répondu oui, nomme-les! _ _ _ _ _ _ _ _ _ _ _ _

13. Aimes-tu le lait de poule? ☐ ben ouais !   ☐ tellement pas !

14. Ton mets préféré du temps des Fêtes? _ _ _ _ _ _ _ _ _ _ _

15. As-tu le cœur sensible? ☐ ben ouais !   ☐ tellement pas !

16. Si oui, qu'est-ce qui te lève le cœur? _ _ _ _ _ _ _ _ _ _ _

17. Es-tu du genre à manger n'importe quoi? _ _ _ _ _ _ _ _ _

18. En camping, tu aimes dormir dans : ◯ Une tente
    ◯ Un chalet ◯ Une roulotte

19. As-tu déjà vu un animal sauvage?
    ☐ ben ouais ! Lequel _ _ _ _ _ _ _ _ _ _   ☐ tellement pas !

20. Ton parc d'attractions préféré? _ _ _ _ _ _ _ _ _ _ _ _

Quel est ton style de déco intérieure préféré ?
Veillot chic

1. Mes initiales sont : _____
2. Ta race de chiens préférée ? _____
3. Ton plus grand défaut ? _____
4. Ta plus grande qualité ? _____
5. Je connais plein de choses à propos : _____
6. Je ne connais pas grand-chose à propos : _____
7. En vacances :
   ⭕ Je m'amuse avec ma famille   ⭕ Je ne supporte pas ma famille
8. Le moment le plus embarrassant de ma vie : _____
9. Nomme un truc que tu rêverais de faire,
   mais que tu ne crois pas possible : _____
10. Pourquoi ? _____
11. Te fixes-tu de nouveaux objectifs ?
    ☐ Ouais ! Quoi? _____   ☐ Pas vraiment !
12. As-tu déjà atteint un tes objectifs ?
    ☐ Ouais ! Quoi? _____   ☐ Pas vraiment !
13. ⭕ J'adore me réveiller avec le chant des oiseaux
    ⭕ Je déteste quand les oiseaux me réveillent
14. As-tu un rituel avant de t'endormir ?
    ☐ Ouais ! Quoi? _____   ☐ Pas vraiment !
15. As-tu un rituel quand tu te lèves le matin ?
    ☐ Ouais ! Quoi? _____   ☐ Pas vraiment !
16. Aimes-tu les histoires qui finissent bien ? ☐ Ouais ! ☐ Pas vraiment !
17. Qui t'a appris à lacer tes souliers ? _____
18. Sais-tu qui est le héros/l'héroïne de ton père ?
    ☐ Ouais ! Qui? _____   ☐ Pas vraiment !
19. Sais-tu qui est le héros/l'héroïne de ta mère ?
    ☐ Ouais ! Qui? _____   ☐ Pas vraiment !
20. Qui est ton héros/tom héroïne ? _____

☆ ☆ ☆ ☆ ☆

1. Je m'appelle : . . . .
2. Crois-tu en la magie? ☐ **Bien sûr!** ☐ **Tellement pas!**
3. La chose la plus dégueu que tu aies mangée?. . . . .
4. Nomme un film que tu peux voir sans arrêt : . . . .
5. La pire émission de télé en ce moment? . . . .
6. As-tu déjà fait semblant d'aimer un cadeau que tu détestais?
   ☐ **Bien sûr!** ☐ **Tellement pas!**
7. Tu aimes les frites : ◯ Juliennes ◯ Ondulées
   ◯ Épaisses ◯ Gaufrées
8. Tu aimes les bagels : ◯ Nature ◯ Au blé entier
   ◯ Sucrés ◯ Toutes les sortes!
9. Tu manges ton bagel : ◯ Sans garniture ◯ Avec du fromage à la crème
10. Aimes-tu les jeux de société? ☐ **Bien sûr!** ☐ **Tellement pas!**
11. Quel animal aimerais-tu avoir si tu savais qu'il n'y avait aucun risque?. . . . .
12. Ton chiffre préféré? . . . .
13. Le meilleur conseil qu'on t'ait donné? . . . .
14. Le meilleur conseil que tu aies donné? . . . .
15. As-tu déjà passé une nuit entière à regarder des films?
    ☐ **Bien sûr!** ☐ **Tellement pas!**
16. As-tu déjà passé une nuit entière à parler au téléphone avec ton ami/e?
    ☐ **Bien sûr!** ☐ **Tellement pas!**
17. Commandes-tu des trucs par Internet? ☐ **Bien sûr!** ☐ **Tellement pas!**
18. Quel super-sens aimerais-tu posséder? ◯ L'ouïe ◯ La vue ◯ L'odorat
19. Quel accessoire te représente le mieux? . . . .
20. Est-ce que tu le portes en ce moment? ☐ **Bien sûr!** ☐ **Tellement pas!**

1. Mes amis/es m'appellent : (nom) _ _ _ _ _ _ _ _ _ _ _ _ _ _ _ _ _ _

2. Je me procure ma musique : ◯ Au magasin ◯ Sur Internet ◯ Les deux

3. Décris ton chum en un mot : _ _ _ _ _ _ _ _ _ _ _ _ _ _ _ _

4. Aimerais-tu être D.J. à la radio ? ☐ YEP! ☐ NOOON!

5. Si oui, quelle musique mettrais-tu ? _ _ _ _ _ _ _ _ _ _ _ _ _ _ _ _

6. ☘ T'habilles-tu en vert le jour de la Saint-Patrick ? ☐ YEP! ☐ NOOON!

7. T'ennuies-tu des jeux d'enfant comme la chasse aux œufs ?
☐ YEP! ☐ NOOON!

8. Déposais-tu tes dents sous l'oreiller ? ☐ YEP! ☐ NOOON!

9. Sais-tu ce que veut dire RSVP ?
☐ YEP! Ça veut dire : _ _ _ _ _ _ _ _ _ _ _ _ _ _ _ ☐ NOOON!

10. Quel est ton truc pour te sortir une chanson de la tête ? _ _ _ _ _ _ _

11. Qu'est-ce que tu achètes quand t'as envie de faire une folie ? _ _ _ _

12. Es-tu plus : ◯ Émotive ◯ Rationnelle ◯ 50/50 ?

13. Es-tu : ◯ Extravertie ◯ Introvertie ◯ Un peu des deux ?

14. Je préfère :
◯ Faire un pique-nique dans un parc ◯ Faire une grande sortie

15. Le sport le plus ennuyeux à regarder ? _ _ _ _ _ _ _ _ _ _ _ _ _

16. À quelle célébrité ta meilleure amie te compare-t-elle ? _ _ _ _ _ _ _

17. As-tu déjà eu une prémonition ? ☐ YEP! ☐ NOOON!

18. Comment tes parents te décriraient-ils ? _ _ _ _ _ _ _ _ _ _ _ _ _ _

19. Tu trouves 50 $. Que fais-tu ? ◯ Tu le déposes dans un compte
◯ Tu le dépenses ◯ Tu essaies de trouver à qui il appartient

20. Quelle émission de télé as-tu regardée hier soir ? _ _ _ _ _ _ _ _ _

J'aimerais avoir un robot pour lui faire faire les trucs que je déteste !

1. Mon nom à la naissance : _____

2. Comment dépenserais-tu 1000 $ en une journée ? _____

3. Nomme un événement que tu as organisé et qui a tourné au vinaigre : _____
_____

4. As-tu un profil sur MySpace ? ☐ Ouais ! ☐ Non !

5. Ton personnage de livre préféré ? _____

6. Ton groupe de musique préféré à vie ? _____

7. Je perds la notion du temps quand : _____

8. Aimerais-tu avoir un robot ? ☐ Ouais ! ☐ Non !

9. Tes amies viennent te voir quand elles ont besoin :
   ◯ D'encouragements   ◯ De voir la réalité en face

10. Qu'est-ce que tu fais pendant ton temps libre ? _____

11. Parles-tu à ton animal de compagnie comme s'il était un humain ?
    ☐ Ouais ! ☐ Non !

12. Es-tu du genre à : ◯ Ressasser le passé dans ta tête
    ◯ Regarder vers l'avant

13. Selon toi, combien de temps durera le monde ? _____

14. Une leçon que tu as apprise à tes dépens ? _____

15. Où es-tu en ce moment ? _____

16. À côté de qui es-tu assise en ce moment ? _____

17. Combien de fois remets-tu ton cadran le matin ? _____

18. Selon toi, qu'arrive-t-il à l'âme après la mort ? _____

19. Es-tu capable de jouer au yo-yo ?
    ☐ Ouais ! ☐ Non ! ☐ M'en fiche !

20. Aimes-tu être le centre d'attention ? ◯ Toujours
    ◯ Des fois ◯ Jamais

1. Le nom qui apparaît sur ton extrait de naissance : . . . .
2. Journée de la semaine, date et heure de ta naissance : . . . .
3. Ton premier mot ? . . . .
4. La langue que tu trouves la plus jolie ? . . . .
5. Crois-tu que tu contrôles bien ta vie ? ☐ Ouais ! ☐ Non !
6. Lis-tu les infos nutritionnelles des aliments avant de les acheter ?
   ☐ Ouais ! ☐ Non !
7. Avec qui parles-tu des trucs sérieux ? . . . .
8. Que fais-tu quand tu es fâchée ? ◯ Tu cries ◯ Tu pleures ◯ Tu ne dis rien
9. Ton plus beau souvenir ? . . . .
10. Ton pire souvenir ? . . . .
11. Es-tu du genre à : ◯ Prendre une décision rapide
    ◯ Réfléchir avant de prendre une décision ◯ Éviter de prendre une décision
12. As-tu des regrets ?
    ☐ Ouais ! Quoi ? . . . . ☐ Non !
13. Si tu avais une heure de plus par jour, qu'en ferais-tu ? . . . .
14. Décris un samedi matin typique : . . . .
15. As-tu déjà fait un tour d'hélicoptère ?
    ☐ Ouais ! ☐ Non !
16. Nomme un truc que la plupart des gens ignorent à ton sujet : . . . . . .
17. ◯ J'ai le pouce vert ◯ Je tue tout ce qui pousse
    ◯ Je n'ai jamais eu de plante
18. ◯ Marguerite ◯ Rose ◯ Autre : . . . .
19. Qu'est-ce qui est pire ? ◯ Se couper avec du papier ◯ Se brûler la langue
20. Je suis comme : ◯ Ma mère ◯ Mon père
    ◯ Aucun des deux – Je suis peut-être une extraterrestre !

Un truc légal auquel je suis dépendante ? Le coke diète !

1. Écris tous tes noms : _ _ _ _ _ _ _ _ _ _ _ _ _ _ _ _ _ _
2. Un mot pour te décrire ? _ _ _ _ _ _ _ _ _ _ _ _ _ _ _ _ _
3. ◯ Licorne ◯ Pégase ◯ Dragon ◯ Autre : _ _ _ _ _ _ _ _
4. Es-tu déjà montée sur le guidon d'une bicyclette ? ☐ **Affirmatif !** ☐ **Ben non !**
5. Qu'est-ce que tu vois par la fenêtre de ta chambre ? _ _ _ _ _ _ _ _ _ _
6. Quel genre d'élève es-tu ? ◯ Élève modèle
   ◯ Dans la moyenne ◯ Pas super
7. Nomme un truc qui te fait pleurer de rire : _ _ _ _ _ _ _ _ _ _
8. Quel est ton superhéros préféré ? _ _ _ _ _ _ _ _ _ _ _ _ _
9. Qu'est-ce que tu voudrais que les gens se rappellent à ton sujet ? _ _ _ _ _
10. T'es-tu déjà fait opérer ? ☐ **Affirmatif !** Pour quoi ? _ _ _ _ _ _ _
    ☐ **Ben non !**
11. Ta chanson de film préférée ? _ _ _ _ _ _ _ _ _ _ _ _ _ _
12. Nomme un truc qui t'étonne au max : _ _ _ _ _ _ _ _ _ _ _ _
13. Quelle couleur te va le mieux : ◯ Le rose ◯ Le bleu
    ◯ Le jaune ◯ Autre : _ _ _ _ _ _ _ _ _ _
14. As-tu lu un bon livre dernièrement ? ☐ **Affirmatif !** Quoi ? _ _ _ _ _ _ _
    ☐ **Ben non !**
15. Es-tu capable de siffler une chanson ? ◯ Bien sûr ! ◯ Un petit peu
    ◯ Pas du tout
16. Un mot pour décrire les filles : _ _ _ _ _ _ _ _ _ _ _ _ _ _ _ _
17. Un mot pour décrire les gars : _ _ _ _ _ _ _ _ _ _ _ _ _ _ _ _
18. À la montagne, tu aimes : ◯ Faire cuire des guimauves au-dessus du feu
    ◯ Escalader les rochers ◯ Faire de la randonnée
19. Nomme un truc légal auquel tu es dépendante : _ _ _ _ _ _ _ _ _ _ _
20. Le film le plus bizarre que tu aies vu ? _ _ _ _ _ _ _ _ _ _ _ _ _ _

Un mot
que j'écris
toujours mal?

NÉCESSAIRE

1. Ton nom de famille : _____
2. Ce que tu veux faire quand tu seras plus grande : _____
3. As-tu déjà participé à une compétition? ☐ oui, quoi? _____ ☐ non
4. As-tu gagné? ☐ oui, quoi? _____ ☐ non
5. Décris un dimanche matin typique : _____
6. De quoi es-tu particulièrement fière? _____
7. Nomme un mot que tu écris toujours mal : _____
8. As-tu peur des hauteurs? ☐ oui ☐ non
9. Ta sorte de gomme ou de menthe préférée : _____
10. Es-tu capable de manger avec des baguettes? ☐ oui ☐ non
11. Quel est ton parfum? _____
12. ◯ Gâteau au chocolat avec glaçage chocolaté
    ◯ Gâteau des anges avec des fruits?
13. ◯ Crayon ◯ Crayon à mine ◯ Stylo à bille ◯ Crayon-gel
14. Qu'est-ce qui est pire?
    ◯ Mal de tête ◯ Mal de dents ◯ Mal de ventre ◯ Mal de dos
15. Que choisirais-tu entre : ◯ Une moyenne de 100 % pendant un an
    ◯ Passer une année entière en compagnie du gars qui fait battre ton cœur
16. Quel est le bijou que tu portes le plus? _____
17. Qu'est-ce que tu préfères à propos de l'été? _____
18. ◯ Thé vert ◯ Thé chaud ◯ Thé glacé ◯ Biscuits à thé
19. As-tu déjà fait cuire un gâteau? ☐ oui ☐ non
20. Crois-tu : ◯ Au destin ◯ En Dieu ◯ En toi?

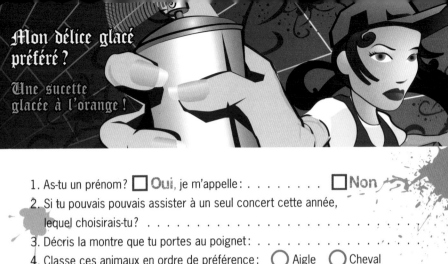

Mon délice glacé préféré ?

Une sucette glacée à l'orange !

1. As-tu un prénom? ☐ **Oui**, je m'appelle: . . . . ☐**Non**

2. Si tu pouvais pouvais assister à un seul concert cette année, lequel choisirais-tu? . . . .

3. Décris la montre que tu portes au poignet: . . . .

4. Classe ces animaux en ordre de préférence: ◯ Aigle ◯ Cheval ◯ Guépard ◯ Dauphin ◯ Cochon

5. Es-tu bonne pour conter des blagues? ☐ **Oui** ☐ **Non** 😃

6. Tu crois que la vie est: ◯ Juste ◯ Injuste ◯ Ça dépend de toi

7. Quel rôle aimerais-tu interpréter? ◯ Une jeune fille en détresse ◯ Un superhéros ◯ Un méchant

8. Ta plus grande question existentielle? . . . .

9. As-tu déjà fait partie de la pièce de théâtre de l'école? ☐ **Oui** Quel rôle y as-tu joué? . . . . ☐ Non

10. Écoutes-tu: ◯ Les paroles de la musique ◯ Juste la mélodie?

11. As-tu un dessin animé préféré? ☐ **Oui** Lequel? . . . . ☐ Non

12. Qu'est-ce qui est le plus mignon? ◯ Des chiots ◯ Des chatons ◯ Autre: . . . .

13. Ton personnage préféré dans un film d'animation? . . . .

14. L'animal le plus bizarre que tu aies vu? . . . .

15. ◯ Turquoise ◯ Fuchsia ◯ Vert menthe ◯ Noir ◯ Crème ◯ Violet

16. Ta marque de vêtements préférée? . . . .

17. Ta boisson froide préférée? . . . .

18. Tes amis/es te décrivent comme étant: ◯ Gentille ◯ Fiable ◯ Fofolle

19. Ton délice glacé préféré?. . . . .

20. Qu'aimerais-tu faire dans 10 ans?. . . . .

Quel truc ton animal sait-il faire ?
Mon chat rapporte la balle !

GRAFFITI

1. Je m'appelle : _ _ _ _ _ _ _ _   J'aimerais m'appeler : _ _ _ _ _ _ _ _

2. Te sens-tu mal pour les mauvais chanteurs qui auditionnent à *American Idol* ?
   ☐ **Oui** ☐ **Pas vraiment**

3. Quand tu parles au téléphone : ◯ Tu marches de long en large
   ◯ Tu gesticules avec les mains ◯ Tu fais les deux

4. Est-ce que tu ris quand tu te frappes le coude ? ☐ **Oui** ☐ **Pas vraiment**

5. Où aimes-tu passer tes vacances ?
   ◯ Dans une grande ville ◯ Sur une plage ◯ Dans un autre pays

6. Aimes-tu lire de la poésie ? ☐ **Oui** ☐ **Pas vraiment**

7. Tu es reconnue pour : ◯ Ton sens de l'humour ◯ Ton bon goût ◯ Ton talent ?

8. À quel duo célèbre ta meilleure amie et toi ressemblez-vous le plus ?
   ◯ Batman et Robin ◯ Scooby et Shaggy

9. Tu aimes : ◯ Mettre un peu de maquillage ◯ Mettre beaucoup de maquillage

10. Es-tu : ◯ Mademoiselle Aventure ◯ Mademoiselle Leader
    ◯ Mademoiselle Informée

11. Ton légume préféré ? _ _ _ _ _ _ _ _ _ _ _ _ _ _

12. ◯ Restaurant-minute ◯ Restaurant thématique ◯ Restaurant chic ?

13. Que fais-tu quand tu n'arrives pas à dormir ?

14. Ton auto de rêve est : ◯ Un méga-utilitaire sport
    ◯ Une mini-auto sport ◯ Une limousine

15. ◯ Mac ◯ PC ?

16. As-tu déjà fait partie d'un fan-club ? ☐ **Oui** Lequel ? _ _ _ _ _ ☐ **Non**

17. As-tu l'autographe d'une célébrité ? ☐ **Oui** Qui ? _ _ _ _ _ _ ☐ **Non**

18. Oses-tu le dire quand quelqu'un a de la nourriture coincée entre les dents ?
    ☐ **Oui** ☐ **Non**

19. Ton animal de compagnie sait-il faire un truc vraiment cool ?
    ☐ **Oui** Quoi ? _ _ _ _ _ _ _ _ _ _ _ _ _ _ _ _ _ ☐ **Non**

20. Ta décoration murale préférée ? _ _ _ _ _ _ _ _ _ _ _ _ _

1. Ton nom? _____
2. Tu aimes la pizza : ◯ Croûte épaisse ◯ Croûte mince
   ◯ Sicilienne ◯ Farcie
3. Qu'est-ce que tu aimes mettre dans ton eau? ◯ Du citron
   ◯ De la lime ◯ Rien du tout
4. Es-tu déjà passée à la télévision? ☐ Si **oui**, pourquoi? _____ ☐ **jamais**
5. Qui a la vie plus facile? ◯ Les filles ◯ Les gars
6. Ta sorte de croustilles préférée : ◯ Crème sure et oignon ◯ Barbecue
   ◯ Cheddar ◯ Nature ◯ Ketchup ◯ Assaisonnées
7. Ta sorte de gelée, de confiture ou de compote préférée?_____
8. Que fais-tu quand tu es coincée dans une longue file d'attente?
   ◯ Tu regardes ta montre ◯ Tu marmonnes tout haut
   ◯ Tu prends ton mal en patience
9. ◯ Banane ◯ Pain aux bananes et aux noix ◯ Tarte à la crème aux bananes
10. As-tu de la difficulté à demander pardon? ☐ **oui** ☐ **jamais**
11. ◯ Œufs brouillés ◯ Œufs frits ◯ Œufs pochés
    ◯ Œufs à la coque ◯ Je n'aime pas les œufs
12. Le livre le plus ennuyeux que tu aies lu? _____
13. Ton type de viande préféré? _____
14. Qu'est-ce que tu préfères manger au cinéma?
    ◯ Maïs soufflé ◯ Réglisse ◯ Nachos ◯ Autre : _____
15. Dans quelle émission de télé aimerais-tu jouer?_____
16. Nomme un truc que tu adores et que la plupart des gens détestent : _____
17. Crois-tu parfois que tu es folle? ◯ Tout le temps ◯ Des fois
    ◯ Non, ce sont les autres qui sont fous!
18. Ta malbouffe préférée?_____
19. Fais-tu des siestes? ☐ **oui** ☐ **jamais**
20. Ailes de poulet : ◯ Originales ◯ Extra-croustillantes ◯ Piquantes

1. Ton prénom épelé à l'envers? . . . .
2. Le dernier film que tu as vu? . . . .
3. ◯ Taco ◯ Burrito ◯ Enchilada ◯ Fajita
4. Quelle est ta sonnerie de cellulaire? . . . .
5. Quelle est la couleur la plus populaire dans ta garde-robe? . . . .
6. L'animal arctique le plus cool? ◯ Pingouin ◯ Ours polaire
   ◯ Phoque du Groenland ◯ Épaulard
7. Es-tu du genre à avoir : ◯ Trop chaud ◯ Trop froid?
8. Es-tu allergique à quelque chose?
   ☐ hum, oui, à : _____ ☐ hum, non
9. Ton CD préféré en ce moment? . . . .
10. As-tu de la difficulté à admettre tes torts? ☐ hum, oui ☐ hum, non
11. Ton acteur préféré? . . . .
12. Ton actrice préférée? . . . .
13. La matière que tu aimes le moins à l'école? . . . .
14. As-tu déjà ouvert une porte même si c'était écrit de ne pas l'ouvrir ?
    ☐ hum, oui ☐ hum, non
15. Nomme un mot que tu n'aimes pas entendre : . . . .
16. Comment as-tu rencontré ton chum? . . . .
17. Avec quelle célébrité tu ne voudrais jamais changer de place? . . . .
18. Étudies-tu : ◯ Dans le silence complet
    ◯ Avec de la musique ◯ Avec la télé allumée?
19. Combien de paires de souliers possèdes-tu? ◯ 10 ou moins
    ◯ 10 à 20 ◯ Plus de 20
20. Ton sandwich préféré? . . . .

Si tu pouvais inventer quelque chose, que choisirais-tu ?
Une machine à voyager dans le temps

1. Je m'appelle : _____

2. J'aimerais m'appeler : _____

3. Est-ce que tes parents t'ont déjà fait honte? ☐ **C'est clair!** ☐ **Négatif!**

4. De quelle façon t'ont-ils fait honte? _____

5. Avec quelle célébrité aimerais-tu changer de place? _____

6. Si tu pouvais inventer quelque chose, que choisirais-tu? _____

7. Combien de dents as-tu? _____

8. Te blanchis-tu les dents? ☐ **Oui**, avec les produits vendus à la pharmacie

   ☐ **Oui**, chez le dentiste ☐ **Non**

9. Combien de fois par jour te brosses-tu les dents? _____

10. Les règles sont faites pour : ◯ Être respectées

    ◯ Établir une ligne de conduite ◯ Être enfreintes

11. La pire erreur que tu aies faite du point de vue vestimentaire?_____

12. La chose qui t'énerve le plus à propos de l'école?_____

13. La chose que tu préfères à propos de l'école?_____

14. Fais-tu de l'exercice physique? ☐ **C'est clair!** ☐ **Négatif!** ☐ **Des fois**

15. Si tu as répondu oui au #14, quel genre d'exercice fais-tu? _____

16. Le truc le plus dégueu que tu aies mangé? _____

17. ◯ Pourquoi remettre à demain ce qu'on peut faire aujourd'hui?

    ◯ Pourquoi faire aujourd'hui ce qu'on peut remettre à demain?

18. Les jeunes enfants sont : ◯ Amusants ◯ Énervants?

19. Tu fais tes travaux scolaires : ◯ Bien en avance

    ◯ Quelques jours d'avance ◯ La veille

20. Tu étudies : ◯ Seule ◯ Avec un/une ami/e ◯ En groupe ◯ jamais

1. Ton prénom, ton second prénom et ton nom de famille : . . . .

2. Lis-tu les instructions avant d'assembler un objet? ☐ Bien sûr ! ☐ Pas du tout !

3. Ton année préférée à l'école : . . . .

4. L'adulte le plus cool que tu connaisses? . . . .

5. ◯ Petite ville ◯ Grosse ville?   Ta ville préférée? . . . .

6. À qui as-tu le plus de facilité à acheter un cadeau? . . . .

7. ◯ Vraie mayo ◯ Mayo allégée ◯ Mayo sans gras Beurk!

8. Tu raffoles des patates : ◯ frites ◯ rissolées
   ◯ au four ◯ des croustilles ◯ pilées?

9. Qu'est-ce qui est pire : ◯ Des choux de Bruxelles ◯ Des épinards?

10. Aimes-tu les films étrangers?
    ☐ Bien sûr ! ☐ Pas du tout ! Les sous-titres me rendent folle!

11. T'es-tu déjà promenée en public avec la braguette ouverte?
    ☐ Bien sûr ! ☐ Pas du tout !

12. T'es-tu déjà promenée en public avec du papier de toilette coincé sous ton soulier?
    ☐ Bien sûr ! ☐ Pas du tout !

13. As-tu déjà oublié d'enlever l'étiquette de prix d'un vêtement avant de le porter?
    ☐ Bien sûr ! ☐ Pas du tout !

14. À quoi te fait penser le mot orange? . . . .

15. À quoi te fait penser la couleur rouge? . . . .

16. Quelle est la couleur la plus apaisante? . . . .

17. Oserais-tu marcher sous une échelle? ☐ Bien sûr! ☐ Pas du tout!

18. Oserais-tu ouvrir un parapluie à l'intérieur de la maison?
    ☐ Bien sûr! ☐ Pas du tout!

19. As-tu déjà trébuché devant tout le monde? ☐ Bien sûr! ☐ Pas du tout!

20. La personne la plus intelligente que tu connaisses? . . . .

À quoi te fait penser la couleur rouge ?
à du brillant à lèvres

1. Ton nom, s'il te plaît? _ _ _ _ _ _ _ _ _ _ _ _ _ _ _ _ _ _ _

2. La dernière fois que tu as lu le journal? _ _ _ _ _ _ _ _ _ _ _ _ _

3. La dernière fois que tu as consulté un dictionnaire? _ _ _ _ _ _ _ _ _

4. Le dernier plat que tu as cuisiné? _ _ _ _ _ _ _ _ _ _ _ _ _

5. Ta pièce préférée dans ton appartement ou ta maison? _ _ _ _ _ _ _ _

6. Ton style de déco intérieure préféré? _ _ _ _ _ _ _ _ _ _ _ _ _ _

7. Décris ton style vestimentaire: _ _ _ _ _ _ _ _ _ _ _ _ _ _ _ _

8. Comment sont tes cheveux aujourd'hui? ◯ Impeccables
     ◯ Dégueu   ◯ Passables

9. Empruntes-tu les vêtements de tes amies?
     ☐ ben ouais !   ☐ tellement pas !

10. Quelle est la personne qui t'encourage le plus? _ _ _ _ _ _ _ _ _ _

11. Peux-tu nommer tous les rennes du père Noël?
     ☐ ben ouais !   ☐ tellement pas !

12. Si tu as répondu oui, nomme-les! _ _ _ _ _ _ _ _ _ _ _ _ _ _

13. Aimes-tu le lait de poule? ☐ ben ouais !   ☐ tellement pas !

14. Ton mets préféré du temps des Fêtes? _ _ _ _ _ _ _ _ _ _ _ _ _

15. As-tu le cœur sensible? ☐ ben ouais !   ☐ tellement pas !

16. Si oui, qu'est-ce qui te lève le cœur? _ _ _ _ _ _ _ _ _ _ _ _ _

17. Es-tu du genre à manger n'importe quoi? _ _ _ _ _ _ _ _ _ _ _

18. En camping, tu aimes dormir dans: ◯ Une tente
     ◯ Un chalet   ◯ Une roulotte

19. As-tu déjà vu un animal sauvage?
     ☐ ben ouais ! Lequel _ _ _ _ _ _ _ _ _ _ _   ☐ tellement pas !

20. Ton parc d'attractions préféré? _ _ _ _ _ _ _ _ _ _ _ _ _ _ _

Quel est ton style de déco intérieure préféré ?
Veillot chic

1. Mes initiales sont : _____
2. Ta race de chiens préférée? _____
3. Ton plus grand défaut? _____
4. Ta plus grande qualité? _____
5. Je connais plein de choses à propos : _____
6. Je ne connais pas grand-chose à propos : _____
7. En vacances :
   ⭕ Je m'amuse avec ma famille   ⭕ Je ne supporte pas ma famille
8. Le moment le plus embarrassant de ma vie : _____
9. Nomme un truc que tu rêverais de faire,
   mais que tu ne crois pas possible : _____
10. Pourquoi?_____
11. Te fixes-tu de nouveaux objectifs?
    ☐ Ouais ! Quoi? _____ ☐ Pas vraiment !
12. As-tu déjà atteint un tes objectifs?
    ☐ Ouais ! Quoi? _____ ☐ Pas vraiment !
13. ⭕ J'adore me réveiller avec le chant des oiseaux
    ⭕ Je déteste quand les oiseaux me réveillent
14. As-tu un rituel avant de t'endormir?
    ☐ Ouais ! Quoi? _____ ☐ Pas vraiment !
15. As-tu un rituel quand tu te lèves le matin?
    ☐ Ouais ! Quoi? _____ ☐ Pas vraiment !
16. Aimes-tu les histoires qui finissent bien? ☐ Ouais ! ☐ Pas vraiment !
17. Qui t'a appris à lacer tes souliers?_____
18. Sais-tu qui est le héros/l'héroïne de ton père?
    ☐ Ouais ! Qui? _____ ☐ Pas vraiment !
19. Sais-tu qui est le héros/l'héroïne de ta mère?
    ☐ Ouais ! Qui? _____ ☐ Pas vraiment !
20. Qui est ton héros/tom héroïne?_____

Quelle est ta plus grande qualité ?
La loyauté

★ ★ ★ ★ ★

1. Je m'appelle : . . . .
2. Crois-tu en la magie? ☐ **Bien sûr!** ☐ **Tellement pas!**
3. La chose la plus dégueu que tu aies mangée?. . . . .
4. Nomme un film que tu peux voir sans arrêt : . . . .
5. La pire émission de télé en ce moment? . . . .
6. As-tu déjà fait semblant d'aimer un cadeau que tu détestais?
   ☐ **Bien sûr!** ☐ **Tellement pas!**
7. Tu aimes les frites : ◯ Juliennes ◯ Ondulées
   ◯ Épaisses ◯ Gaufrées
8. Tu aimes les bagels : ◯ Nature ◯ Au blé entier
   ◯ Sucrés ◯ Toutes les sortes!
9. Tu manges ton bagel : ◯ Sans garniture ◯ Avec du fromage à la crème
10. Aimes-tu les jeux de société? ☐ **Bien sûr!** ☐ **Tellement pas!**
11. Quel animal aimerais-tu avoir si tu savais qu'il n'y avait aucun risque?. . . . .
12. Ton chiffre préféré? . . . .
13. Le meilleur conseil qu'on t'ait donné? . . . .
14. Le meilleur conseil que tu aies donné? . . . .
15. As-tu déjà passé une nuit entière à regarder des films?
    ☐ **Bien sûr!** ☐ **Tellement pas!**
16. As-tu déjà passé une nuit entière à parler au téléphone avec ton ami/e?
    ☐ **Bien sûr!** ☐ **Tellement pas!**
17. Commandes-tu des trucs par Internet? ☐ **Bien sûr!** ☐ **Tellement pas!**
18. Quel super-sens aimerais-tu posséder? ◯ L'ouïe ◯ La vue ◯ L'odorat
19. Quel accessoire te représente le mieux? . . . .
20. Est-ce que tu le portes en ce moment? ☐ **Bien sûr!** ☐ **Tellement pas!**

1. Mes amis/es m'appellent : (nom) _ _ _ _ _ _ _ _ _ _ _ _ _ _ _

2. Je me procure ma musique : ◯ Au magasin ◯ Sur Internet ◯ Les deux

3. Décris ton chum en un mot : _ _ _ _ _ _ _ _ _ _ _ _ _ _ _

4. Aimerais-tu être D.J. à la radio ? ☐ YEP ! ☐ NOOON !

5. Si oui, quelle musique mettrais-tu ? _ _ _ _ _ _ _ _ _ _ _

6. 🍀 T'habilles-tu en vert le jour de la Saint-Patrick ? ☐ YEP ! ☐ NOOON !

7. T'ennuies-tu des jeux d'enfant comme la chasse aux œufs ?
   ☐ YEP ! ☐ NOOON !

8. Déposais-tu tes dents sous l'oreiller ? ☐ YEP ! ☐ NOOON !

9. Sais-tu ce que veut dire RSVP ?
   ☐ YEP ! Ça veut dire : _ _ _ _ _ _ _ _ _ _ _ _ _ _ ☐ NOOON !

10. Quel est ton truc pour te sortir une chanson de la tête ? _ _ _ _ _

11. Qu'est-ce que tu achètes quand t'as envie de faire une folie ? _ _ _ _

12. Es-tu plus : ◯ Émotive ◯ Rationnelle ◯ 50/50 ?

13. Es-tu : ◯ Extravertie ◯ Introvertie ◯ Un peu des deux ?

14. Je préfère :
    ◯ Faire un pique-nique dans un parc ◯ Faire une grande sortie

15. Le sport le plus ennuyeux à regarder ? _ _ _ _ _ _ _ _ _ _

16. À quelle célébrité ta meilleure amie te compare-t-elle ? _ _ _ _ _

17. As-tu déjà eu une prémonition ? ☐ YEP ! ☐ NOOON !

18. Comment tes parents te décriraient-ils ? _ _ _ _ _ _ _ _ _ _

19. Tu trouves 50 $. Que fais-tu ? ◯ Tu le déposes dans un compte
    ◯ Tu le dépenses ◯ Tu essaies de trouver à qui il appartient

20. Quelle émission de télé as-tu regardée hier soir ? _ _ _ _ _ _ _ _

1. Mon nom à la naissance : _____

2. Comment dépenserais-tu 1000 $ en une journée? _____

3. Nomme un événement que tu as organisé et qui a tourné au vinaigre : _____
_____

4. As-tu un profil sur MySpace? ☐ Ouais ! ☐ Non !

5. Ton personnage de livre préféré? _____

6. Ton groupe de musique préféré à vie? _____

7. Je perds la notion du temps quand : _____

8. Aimerais-tu avoir un robot? ☐ Ouais ! ☐ Non !

9. Tes amies viennent te voir quand elles ont besoin:
  ◯ D'encouragements   ◯ De voir la réalité en face

10. Qu'est-ce que tu fais pendant ton temps libre? _____

11. Parles-tu à ton animal de compagnie comme s'il était un humain?
  ☐ Ouais !   ☐ Non !

12. Es-tu du genre à: ◯ Ressasser le passé dans ta tête
  ◯ Regarder vers l'avant

13. Selon toi, combien de temps durera le monde? _____

14. Une leçon que tu as apprise à tes dépens? _____

15. Où es-tu en ce moment? _____

16. À côté de qui es-tu assise en ce moment? _____

17. Combien de fois remets-tu ton cadran le matin? _____

18. Selon toi, qu'arrive-t-il à l'âme après la mort? _____

19. Es-tu capable de jouer au yo-yo?
  ☐ Ouais !   ☐ Non !   ☐ M'en fiche !

20. Aimes-tu être le centre d'attention? ◯ Toujours
  ◯ Des fois ◯ Jamais

Mon premier mot ?
Fido (le nom de notre chien)

1. Le nom qui apparaît sur ton extrait de naissance : . . . .
2. Journée de la semaine, date et heure de ta naissance : . . . .
3. Ton premier mot ? . . . .
4. La langue que tu trouves la plus jolie ? . . . .
5. Crois-tu que tu contrôles bien ta vie ? ☐ Ouais ! ☐ Non !
6. Lis-tu les infos nutritionnelles des aliments avant de les acheter ?
   ☐ Ouais ! ☐ Non !
7. Avec qui parles-tu des trucs sérieux ? . . . .
8. Que fais-tu quand tu es fâchée ? ◯ Tu cries ◯ Tu pleures ◯ Tu ne dis rien
9. Ton plus beau souvenir ? . . . .
10. Ton pire souvenir ? . . . .
11. Es-tu du genre à : ◯ Prendre une décision rapide
    ◯ Réfléchir avant de prendre une décision ◯ Éviter de prendre une décision
12. As-tu des regrets ?
    ☐ Ouais ! Quoi ? . . . . ☐ Non !
13. Si tu avais une heure de plus par jour, qu'en ferais-tu ? . . . .
14. Décris un samedi matin typique : . . . .
15. As-tu déjà fait un tour d'hélicoptère ?
    ☐ Ouais ! ☐ Non !
16. Nomme un truc que la plupart des gens ignorent à ton sujet : . . . .
17. ◯ J'ai le pouce vert ◯ Je tue tout ce qui pousse
    ◯ Je n'ai jamais eu de plante
18. ◯ Marguerite ◯ Rose ◯ Autre : . . . .
19. Qu'est-ce qui est pire ? ◯ Se couper avec du papier ◯ Se brûler la langue
20. Je suis comme : ◯ Ma mère ◯ Mon père
    ◯ Aucun des deux – Je suis peut-être une extraterrestre !

un truc légal auquel je suis dépendante ?
le coke diète !

1. Écris tous tes noms: _ _ _ _ _ _ _ _ _ _ _ _ _ _ _ _ _ _ _
2. Un mot pour te décrire? _ _ _ _ _ _ _ _ _ _ _ _ _ _ _ _ _ _
3. ◯ Licorne   ◯ Pégase   ◯ Dragon   ◯ Autre: _ _ _ _ _ _ _ _ _ _ _
4. Es-tu déjà montée sur le guidon d'une bicyclette? ☐ Affirmatif ! ☐ Ben non !
5. Qu'est-ce que tu vois par la fenêtre de ta chambre? _ _ _ _ _ _ _ _ _ _
6. Quel genre d'élève es-tu? ◯ Élève modèle
   ◯ Dans la moyenne   ◯ Pas super
7. Nomme un truc qui te fait pleurer de rire: _ _ _ _ _ _ _ _ _ _ _
8. Quel est ton superhéros préféré? _ _ _ _ _ _ _ _ _ _ _ _ _ _ _
9. Qu'est-ce que tu voudrais que les gens se rappellent à ton sujet? _ _ _ _ _
10. T'es-tu déjà fait opérer? ☐ Affirmatif ! Pour quoi? _ _ _ _ _ _ _ _ _
    ☐ Ben non !
11. Ta chanson de film préférée? _ _ _ _ _ _ _ _ _ _ _ _ _ _ _ _ _ _
12. Nomme un truc qui t'étonne au max: _ _ _ _ _ _ _ _ _ _ _ _ _ _ _
13. Quelle couleur te va le mieux: ◯ Le rose   ◯ Le bleu
    ◯ Le jaune   ◯ Autre: _ _ _ _ _ _ _ _ _ _ _ _ _ _ _
14. As-tu lu un bon livre dernièrement? ☐ Affirmatif ! Quoi? _ _ _ _ _ _ _ _
    ☐ Ben non !
15. Es-tu capable de siffler une chanson? ◯ Bien sûr!   ◯ Un petit peu
    ◯ Pas du tout
16. Un mot pour décrire les filles: _ _ _ _ _ _ _ _ _ _ _ _ _ _ _ _ _
17. Un mot pour décrire les gars: _ _ _ _ _ _ _ _ _ _ _ _ _ _ _ _ _
18. À la montagne, tu aimes: ◯ Faire cuire des guimauves au-dessus du feu
    ◯ Escalader les rochers   ◯ Faire de la randonnée
19. Nomme un truc légal auquel tu es dépendante: _ _ _ _ _ _ _ _ _ _ _
20. Le film le plus bizarre que tu aies vu? _ _ _ _ _ _ _ _ _ _ _ _ _ _

Un mot
que j'écris
toujours mal?

NÉCESSAIRE

1. Ton nom de famille : _____

2. Ce que tu veux faire quand tu seras plus grande : _____

3. As-tu déjà participé à une compétition? ☐ oui, quoi? _____ ☐ non

4. As-tu gagné? ☐ oui, quoi? _____ ☐ non

5. Décris un dimanche matin typique : _____

6. De quoi es-tu particulièrement fière? _____

7. Nomme un mot que tu écris toujours mal : _____

8. As-tu peur des hauteurs? ☐ oui ☐ non

9. Ta sorte de gomme ou de menthe préférée : _____

10. Es-tu capable de manger avec des baguettes? ☐ oui ☐ non

11. Quel est ton parfum? _____

12. ◯ Gâteau au chocolat avec glaçage chocolaté
    ◯ Gâteau des anges avec des fruits?

13. ◯ Crayon ◯ Crayon à mine ◯ Stylo à bille ◯ Crayon-gel

14. Qu'est-ce qui est pire?
    ◯ Mal de tête ◯ Mal de dents ◯ Mal de ventre ◯ Mal de dos

15. Que choisirais-tu entre : ◯ Une moyenne de 100 % pendant un an
    ◯ Passer une année entière en compagnie du gars qui fait battre ton cœur

16. Quel est le bijou que tu portes le plus? _____

17. Qu'est-ce que tu préfères à propos de l'été? _____

18. ◯ Thé vert ◯ Thé chaud ◯ Thé glacé ◯ Biscuits à thé

19. As-tu déjà fait cuire un gâteau? ☐ oui ☐ non

20. Crois-tu : ◯ Au destin ◯ En Dieu ◯ En toi?

Mon délice glacé préféré?

Une sucette glacée à l'orange!

1. As-tu un prénom? ☐ **Oui**, je m'appelle: . . . . ☐**Non**

2. Si tu pouvais pouvais assister à un seul concert cette année, lequel choisirais-tu? . . . .

3. Décris la montre que tu portes au poignet: . . . .

4. Classe ces animaux en ordre de préférence: ○ Aigle ○ Cheval
   ○ Guépard ○ Dauphin ○ Cochon

5. Es-tu bonne pour conter des blagues? ☐ **Oui** ☐ **Non**

6. Tu crois que la vie est: ○ Juste ○ Injuste ○ Ça dépend de toi

7. Quel rôle aimerais-tu interpréter?
   ○ Une jeune fille en détresse ○ Un superhéros ○ Un méchant

8. Ta plus grande question existentielle?. . . . .

9. As-tu déjà fait partie de la pièce de théâtre de l'école?
   ☐ **Oui** Quel rôle y as-tu joué? . . . . ☐ **Non**

10. Écoutes-tu: ○ Les paroles de la musique ○ Juste la mélodie?

11. As-tu un dessin animé préféré? ☐ **Oui** Lequel? . . . . . . ☐**Non**

12. Qu'est-ce qui est le plus mignon? ○ Des chiots
    ○ Des chatons ○ Autre: . . . .

13. Ton personnage préféré dans un film d'animation?. . . . . . .

14. L'animal le plus bizarre que tu aies vu? . . . .

15. ○ Turquoise ○ Fuchsia ○ Vert menthe ○ Noir
    ○ Crème ○ Violet

16. Ta marque de vêtements préférée? . . . .

17. Ta boisson froide préférée? . . . .

18. Tes amis/es te décrivent comme étant: ○ Gentille ○ Fiable ○ Fofolle

19. Ton délice glacé préféré?. . . . .

20. Qu'aimerais-tu faire dans 10 ans?. . . . .

1. Je m'appelle : _ _ _ _ _ _ _   J'aimerais m'appeler : _ _ _ _ _ _ _ _
2. Te sens-tu mal pour les mauvais chanteurs qui auditionnent à *American Idol*?
   ☐ **Oui** ☐ **Pas vraiment**
3. Quand tu parles au téléphone : ◯ Tu marches de long en large
   ◯ Tu gesticules avec les mains ◯ Tu fais les deux
4. Est-ce que tu ris quand tu te frappes le coude? ☐ **Oui** ☐ **Pas vraiment**
5. Où aimes-tu passer tes vacances?
   ◯ Dans une grande ville ◯ Sur une plage ◯ Dans un autre pays
6. Aimes-tu lire de la poésie? ☐ **Oui** ☐ **Pas vraiment**
7. Tu es reconnue pour : ◯ Ton sens de l'humour ◯ Ton bon goût ◯ Ton talent?
8. À quel duo célèbre ta meilleure amie et toi ressemblez-vous le plus?
   ◯ Batman et Robin ◯ Scooby et Shaggy
9. Tu aimes : ◯ Mettre un peu de maquillage ◯ Mettre beaucoup de maquillage
10. Es-tu : ◯ Mademoiselle Aventure ◯ Mademoiselle Leader
    ◯ Mademoiselle Informée
11. Ton légume préféré? _ _ _ _ _ _ _ _ _ _ _ _ _ _ _
12. ◯ Restaurant-minute ◯ Restaurant thématique ◯ Restaurant chic?
13. Que fais-tu quand tu n'arrives pas à dormir?
14. Ton auto de rêve est : ◯ Un méga-utilitaire sport
    ◯ Une mini-auto sport ◯ Une limousine
15. ◯ Mac ◯ PC?
16. As-tu déjà fait partie d'un fan-club? ☐ **Oui** Lequel? _ _ _ _ _ ☐ **Non**
17. As-tu l'autographe d'une célébrité? ☐ **Oui** Qui? _ _ _ _ _ ☐ **Non**
18. Oses-tu le dire quand quelqu'un a de la nourriture coincée entre les dents?
    ☐ **Oui** ☐ **Non**
19. Ton animal de compagnie sait-il faire un truc vraiment cool?
    ☐ **Oui** Quoi? _ _ _ _ _ _ _ _ _ _ _ _ _ _ _ _ _ _ _ ☐ **Non**
20. Ta décoration murale préférée? _ _ _ _ _ _ _ _ _ _ _ _ _ _ _

ta malbouffe préférée?
les croustilles

1. Ton nom? _____

2. Tu aimes la pizza : ◯ Croûte épaisse ◯ Croûte mince
   ◯ Sicilienne ◯ Farcie

3. Qu'est-ce que tu aimes mettre dans ton eau? ◯ Du citron
   ◯ De la lime ◯ Rien du tout

4. Es-tu déjà passée à la télévision? ☐ Si **oui**, pourquoi? _____ ☐ **jamais**

5. Qui a la vie plus facile? ◯ Les filles ◯ Les gars

6. Ta sorte de croustilles préférée : ◯ Crème sure et oignon ◯ Barbecue
   ◯ Cheddar ◯ Nature ◯ Ketchup ◯ Assaisonnées

7. Ta sorte de gelée, de confiture ou de compote préférée?_____

8. Que fais-tu quand tu es coincée dans une longue file d'attente?
   ◯ Tu regardes ta montre ◯ Tu marmonnes tout haut
   ◯ Tu prends ton mal en patience

9. ◯ Banane ◯ Pain aux bananes et aux noix ◯ Tarte à la crème aux bananes

10. As-tu de la difficulté à demander pardon? ☐ **oui** ☐ **jamais**

11. ◯ Œufs brouillés ◯ Œufs frits ◯ Œufs pochés
    ◯ Œufs à la coque ◯ Je n'aime pas les œufs

12. Le livre le plus ennuyeux que tu aies lu? _____

13. Ton type de viande préféré? _____

14. Qu'est-ce que tu préfères manger au cinéma?
    ◯ Maïs soufflé ◯ Réglisse ◯ Nachos ◯ Autre : _____

15. Dans quelle émission de télé aimerais-tu jouer?_____

16. Nomme un truc que tu adores et que la plupart des gens détestent : _____

17. Crois-tu parfois que tu es folle? ◯ Tout le temps ◯ Des fois
    ◯ Non, ce sont les autres qui sont fous!

18. Ta malbouffe préférée?_____

19. Fais-tu des siestes? ☐ **oui** ☐ **jamais**

20. Ailes de poulet : ◯ Originales ◯ Extra-croustillantes ◯ Piquantes

un mot que je n'aime pas entendre ?

sang

1. Ton prénom épelé à l'envers?. . . . .
2. Le dernier film que tu as vu? . . . .
3. ◯ Taco ◯ Burrito ◯ Enchilada ◯ Fajita
4. Quelle est ta sonnerie de cellulaire?. . . . .
5. Quelle est la couleur la plus populaire dans ta garde-robe?. . . . .
6. L'animal arctique le plus cool? ◯ Pingouin ◯ Ours polaire
   ◯ Phoque du Groenland ◯ Épaulard
7. Es-tu du genre à avoir : ◯ Trop chaud ◯ Trop froid?
8. Es-tu allergique à quelque chose?
   ☐ hum, oui, à : _____ ☐ hum, non
9. Ton CD préféré en ce moment?. . . . .
10. As-tu de la difficulté à admettre tes torts? ☐ hum, oui ☐ hum, non
11. Ton acteur préféré? . . . .
12. Ton actrice préférée?. . . . .
13. La matière que tu aimes le moins à l'école? . . . .
14. As-tu déjà ouvert une porte même si c'était écrit de ne pas l'ouvrir ?
    ☐ hum, oui ☐ hum, non
15. Nomme un mot que tu n'aimes pas entendre : . . . .
16. Comment as-tu rencontré ton chum? . . . .
17. Avec quelle célébrité tu ne voudrais jamais changer de place? . . . .
18. Étudies-tu : ◯ Dans le silence complet
    ◯ Avec de la musique ◯ Avec la télé allumée?
19. Combien de paires de souliers possèdes-tu? ◯ 10 ou moins
    ◯ 10 à 20 ◯ Plus de 20
20. Ton sandwich préféré? . . . .

1. Je m'appelle : _____

2. J'aimerais m'appeler : _____

3. Est-ce que tes parents t'ont déjà fait honte ? ☐ **C'est clair !** ☐ **négatif !**

4. De quelle façon t'ont-ils fait honte ? _____

5. Avec quelle célébrité aimerais-tu changer de place ? _____

6. Si tu pouvais inventer quelque chose, que choisirais-tu ? _____

7. Combien de dents as-tu ? _____

8. Te blanchis-tu les dents ? ☐ **Oui**, avec les produits vendus à la pharmacie
   ☐ **Oui**, chez le dentiste ☐ **non**

9. Combien de fois par jour te brosses-tu les dents ? _____

10. Les règles sont faites pour : ◯ Être respectées
    ◯ Établir une ligne de conduite ◯ Être enfreintes

11. La pire erreur que tu aies faite du point de vue vestimentaire ?_____

12. La chose qui t'énerve le plus à propos de l'école ?_____

13. La chose que tu préfères à propos de l'école?_____

14. Fais-tu de l'exercice physique ? ☐ **C'est clair !** ☐ **négatif !** ☐ **Des fois**

15. Si tu as répondu oui au #14, quel genre d'exercice fais-tu ? _____

16. Le truc le plus dégueu que tu aies mangé ? _____

17. ◯ Pourquoi remettre à demain ce qu'on peut faire aujourd'hui ?
    ◯ Pourquoi faire aujourd'hui ce qu'on peut remettre à demain ?

18. Les jeunes enfants sont : ◯ Amusants ◯ Énervants ?

19. Tu fais tes travaux scolaires : ◯ Bien en avance
    ◯ Quelques jours d'avance ◯ La veille

20. Tu étudies : ◯ Seule ◯ Avec un/une ami/e ◯ En groupe ◯ jamais

1. Ton prénom, ton second prénom et ton nom de famille : . . . .
2. Lis-tu les instructions avant d'assembler un objet? ☐ Bien sûr ! ☐ Pas du tout !
3. Ton année préférée à l'école : . . . .
4. L'adulte le plus cool que tu connaisses?. . . . .
5. ◯ Petite ville ◯ Grosse ville? Ta ville préférée? . . . .
6. À qui as-tu le plus de facilité à acheter un cadeau?. . . . .
7. ◯ Vraie mayo ◯ Mayo allégée ◯ Mayo sans gras Beurk !
8. Tu raffoles des patates : ◯ frites ◯ rissolées
   ◯ au four ◯ des croustilles ◯ pilées?
9. Qu'est-ce qui est pire : ◯ Des choux de Bruxelles ◯ Des épinards?
10. Aimes-tu les films étrangers?
    ☐ Bien sûr ! ☐ Pas du tout ! Les sous-titres me rendent folle !
11. T'es-tu déjà promenée en public avec la braguette ouverte?
    ☐ Bien sûr ! ☐ Pas du tout !
12. T'es-tu déjà promenée en public avec du papier de toilette coincé sous ton soulier?
    ☐ Bien sûr ! ☐ Pas du tout !
13. As-tu déjà oublié d'enlever l'étiquette de prix d'un vêtement avant de le porter?
    ☐ Bien sûr ! ☐ Pas du tout !
14. À quoi te fait penser le mot orange? . . . .
15. À quoi te fait penser la couleur rouge? . . . .
16. Quelle est la couleur la plus apaisante? . . . .
17. Oserais-tu marcher sous une échelle? ☐ Bien sûr! ☐ Pas du tout!
18. Oserais-tu ouvrir un parapluie à l'intérieur de la maison?
    ☐ Bien sûr! ☐ Pas du tout!
19. As-tu déjà trébuché devant tout le monde? ☐ Bien sûr! ☐ Pas du tout!
20. La personne la plus intelligente que tu connaisses? . . . .

1. Ton nom, s'il te plaît? _ _ _ _ _ _ _ _ _ _ _ _ _ _ _ _ _ _
2. La dernière fois que tu as lu le journal? _ _ _ _ _ _ _ _ _ _ _ _
3. La dernière fois que tu as consulté un dictionnaire? _ _ _ _ _ _ _ _
4. Le dernier plat que tu as cuisiné? _ _ _ _ _ _ _ _ _ _ _ _ _
5. Ta pièce préférée dans ton appartement ou ta maison? _ _ _ _ _ _ _
6. Ton style de déco intérieure préféré? _ _ _ _ _ _ _ _ _ _ _ _
7. Décris ton style vestimentaire: _ _ _ _ _ _ _ _ _ _ _ _ _ _ _
8. Comment sont tes cheveux aujourd'hui? ◯ Impeccables
   ◯ Dégueu ◯ Passables
9. Empruntes-tu les vêtements de tes amies?
   ☐ ben ouais ! ☐ tellement pas !
10. Quelle est la personne qui t'encourage le plus? _ _ _ _ _ _ _ _ _ _
11. Peux-tu nommer tous les rennes du père Noël?
   ☐ ben ouais ! ☐ tellement pas !
12. Si tu as répondu oui, nomme-les! _ _ _ _ _ _ _ _ _ _ _ _ _ _
13. Aimes-tu le lait de poule? ☐ ben ouais ! ☐ tellement pas !
14. Ton mets préféré du temps des Fêtes? _ _ _ _ _ _ _ _ _ _ _ _
15. As-tu le cœur sensible? ☐ ben ouais ! ☐ tellement pas !
16. Si oui, qu'est-ce qui te lève le cœur? _ _ _ _ _ _ _ _ _ _ _ _
17. Es-tu du genre à manger n'importe quoi? _ _ _ _ _ _ _ _ _ _ _
18. En camping, tu aimes dormir dans: ◯ Une tente
   ◯ Un chalet ◯ Une roulotte
19. As-tu déjà vu un animal sauvage?
   ☐ ben ouais ! Lequel _ _ _ _ _ _ _ _ _ _ _ ☐ tellement pas !
20. Ton parc d'attractions préféré? _ _ _ _ _ _ _ _ _ _ _ _ _ _

Quel est ton style de déco intérieure préféré ?
Veillot chic

1. Mes initiales sont : _____
2. Ta race de chiens préférée ? _____
3. Ton plus grand défaut ? _____
4. Ta plus grande qualité ? _____
5. Je connais plein de choses à propos : _____
6. Je ne connais pas grand-chose à propos : _____
7. En vacances :
   ◯ Je m'amuse avec ma famille   ◯ Je ne supporte pas ma famille
8. Le moment le plus embarrassant de ma vie : _____
9. Nomme un truc que tu rêverais de faire,
   mais que tu ne crois pas possible : _____
10. Pourquoi? _____
11. Te fixes-tu de nouveaux objectifs?
    ☐ Ouais ! Quoi? _____   ☐ Pas vraiment!
12. As-tu déjà atteint un tes objectifs?
    ☐ Ouais ! Quoi? _____   ☐ Pas vraiment!
13. ◯ J'adore me réveiller avec le chant des oiseaux
    ◯ Je déteste quand les oiseaux me réveillent
14. As-tu un rituel avant de t'endormir?
    ☐ Ouais ! Quoi? _____   ☐ Pas vraiment!
15. As-tu un rituel quand tu te lèves le matin?
    ☐ Ouais ! Quoi? _____   ☐ Pas vraiment!
16. Aimes-tu les histoires qui finissent bien? ☐ Ouais ! ☐ Pas vraiment!
17. Qui t'a appris à lacer tes souliers? _____
18. Sais-tu qui est le héros/l'héroïne de ton père?
    ☐ Ouais ! Qui? _____   ☐ Pas vraiment!
19. Sais-tu qui est le héros/l'héroïne de ta mère?
    ☐ Ouais ! Qui? _____   ☐ Pas vraiment!
20. Qui est ton héros/tom héroïne? _____

Quelle est
ta plus grande qualité ?
La loyauté

1. Je m'appelle : . . . .
2. Crois-tu en la magie? ☐ **Bien sûr!** ☐ **Tellement pas!**
3. La chose la plus dégueu que tu aies mangée?. . . . .
4. Nomme un film que tu peux voir sans arrêt : . . . .
5. La pire émission de télé en ce moment? . . . .
6. As-tu déjà fait semblant d'aimer un cadeau que tu détestais?
   ☐ **Bien sûr!** ☐ **Tellement pas!**
7. Tu aimes les frites : ◯ Juliennes ◯ Ondulées
   ◯ Épaisses ◯ Gaufrées
8. Tu aimes les bagels : ◯ Nature ◯ Au blé entier
   ◯ Sucrés ◯ Toutes les sortes!
9. Tu manges ton bagel : ◯ Sans garniture ◯ Avec du fromage à la crème
10. Aimes-tu les jeux de société? ☐ **Bien sûr!** ☐ **Tellement pas!**
11. Quel animal aimerais-tu avoir si tu savais qu'il n'y avait aucun risque?. . . . .
12. Ton chiffre préféré? . . . .
13. Le meilleur conseil qu'on t'ait donné? . . . .
14. Le meilleur conseil que tu aies donné? . . . .
15. As-tu déjà passé une nuit entière à regarder des films?
    ☐ **Bien sûr!** ☐ **Tellement pas!**
16. As-tu déjà passé une nuit entière à parler au téléphone avec ton ami/e?
    ☐ **Bien sûr!** ☐ **Tellement pas!**
17. Commandes-tu des trucs par Internet? ☐ **Bien sûr!** ☐ **Tellement pas!**
18. Quel super-sens aimerais-tu posséder? ◯ L'ouïe ◯ La vue ◯ L'odorat
19. Quel accessoire te représente le mieux? . . . .
20. Est-ce que tu le portes en ce moment? ☐ **Bien sûr!** ☐ **Tellement pas!**

1. Mes amis/es m'appellent : (nom) _

2. Je me procure ma musique : ◯ Au magasin ◯ Sur Internet ◯ Les deux

3. Décris ton chum en un mot : _

4. Aimerais-tu être D.J. à la radio ? ☐ YEP! ☐ NOOON!

5. Si oui, quelle musique mettrais-tu ? _

6. ☘ T'habilles-tu en vert le jour de la Saint-Patrick ? ☐ YEP! ☐ NOOON!

7. T'ennuies-tu des jeux d'enfant comme la chasse aux œufs ?
   ☐ YEP! ☐ NOOON!

8. Déposais-tu tes dents sous l'oreiller ? ☐ YEP! ☐ NOOON!

9. Sais-tu ce que veut dire RSVP ?
   ☐ YEP! Ça veut dire : _ _ _ _ _ _ _ _ _ _ _ _ _ _ _ _ ☐ NOOON!

10. Quel est ton truc pour te sortir une chanson de la tête ? _ _ _ _ _ _ _ _

11. Qu'est-ce que tu achètes quand t'as envie de faire une folie ? _ _ _ _ _ _

12. Es-tu plus : ◯ Émotive ◯ Rationnelle ◯ 50/50 ?

13. Es-tu : ◯ Extravertie ◯ Introvertie ◯ Un peu des deux ?

14. Je préfère :
    ◯ Faire un pique-nique dans un parc ◯ Faire une grande sortie

15. Le sport le plus ennuyeux à regarder ? _ _ _ _ _ _ _ _ _ _ _ _ _ _

16. À quelle célébrité ta meilleure amie te compare-t-elle ? _ _ _ _ _ _ _ _

17. As-tu déjà eu une prémonition ? ☐ YEP! ☐ NOOON!

18. Comment tes parents te décriraient-ils ? _ _ _ _ _ _ _ _ _ _ _ _ _ _

19. Tu trouves 50 $. Que fais-tu ? ◯ Tu le déposes dans un compte
    ◯ Tu le dépenses ◯ Tu essaies de trouver à qui il appartient

20. Quelle émission de télé as-tu regardée hier soir ? _ _ _ _ _ _ _ _ _ _ _

1. Mon nom à la naissance : _____

2. Comment dépenserais-tu 1000 $ en une journée ? _____

3. Nomme un événement que tu as organisé et qui a tourné au vinaigre : _____
_____

4. As-tu un profil sur MySpace ? ☐ Ouais ! ☐ Non !

5. Ton personnage de livre préféré ? _____

6. Ton groupe de musique préféré à vie ? _____

7. Je perds la notion du temps quand : _____

8. Aimerais-tu avoir un robot ? ☐ Ouais ! ☐ Non !

9. Tes amies viennent te voir quand elles ont besoin :
   ○ D'encouragements ○ De voir la réalité en face

10. Qu'est-ce que tu fais pendant ton temps libre? _____

11. Parles-tu à ton animal de compagnie comme s'il était un humain ?
    ☐ Ouais ! ☐ Non !

12. Es-tu du genre à : ○ Ressasser le passé dans ta tête
    ○ Regarder vers l'avant

13. Selon toi, combien de temps durera le monde ? _____

14. Une leçon que tu as apprise à tes dépens ? _____

15. Où es-tu en ce moment? _____

16. À côté de qui es-tu assise en ce moment ? _____

17. Combien de fois remets-tu ton cadran le matin ? _____

18. Selon toi, qu'arrive-t-il à l'âme après la mort ? _____

19. Es-tu capable de jouer au yo-yo ?
    ☐ Ouais ! ☐ Non ! ☐ M'en fiche !

20. Aimes-tu être le centre d'attention ? ○ Toujours
    ○ Des fois ○ Jamais

Mon premier mot ?
Fido (le nom de notre chien)

1. Le nom qui apparaît sur ton extrait de naissance : . . . .
2. Journée de la semaine, date et heure de ta naissance : . . . .
3. Ton premier mot ? . . . .
4. La langue que tu trouves la plus jolie ? . . . .
5. Crois-tu que tu contrôles bien ta vie ? ☐ Ouais ! ☐ Non !
6. Lis-tu les infos nutritionnelles des aliments avant de les acheter ?
   ☐ Ouais ! ☐ Non !
7. Avec qui parles-tu des trucs sérieux ? . . . .
8. Que fais-tu quand tu es fâchée ? ○ Tu cries ○ Tu pleures ○ Tu ne dis rien
9. Ton plus beau souvenir ? . . . .
10. Ton pire souvenir ? . . . .
11. Es-tu du genre à : ○ Prendre une décision rapide
    ○ Réfléchir avant de prendre une décision ○ Éviter de prendre une décision
12. As-tu des regrets ?
    ☐ Ouais ! Quoi ? . . . . ☐ Non !
13. Si tu avais une heure de plus par jour, qu'en ferais-tu ? . . . .
14. Décris un samedi matin typique : . . . .
15. As-tu déjà fait un tour d'hélicoptère ?
    ☐ Ouais ! ☐ Non !
16. Nomme un truc que la plupart des gens ignorent à ton sujet : . . . . . .
17. ○ J'ai le pouce vert ○ Je tue tout ce qui pousse
    ○ Je n'ai jamais eu de plante
18. ○ Marguerite ○ Rose ○ Autre : . . . .
19. Qu'est-ce qui est pire ? ○ Se couper avec du papier ○ Se brûler la langue
20. Je suis comme : ○ Ma mère ○ Mon père
    ○ Aucun des deux – Je suis peut-être une extraterrestre !

Un truc légal auquel je suis dépendante ?
Le coke diète !

1. Écris tous tes noms : _

2. Un mot pour te décrire ? _ _ _ _ _ _ _ _ _ _ _ _ _ _ _ _ _ _ _

3. ◯ Licorne ◯ Pégase ◯ Dragon ◯ Autre : _ _ _ _ _ _ _ _ _ _ _

4. Es-tu déjà montée sur le guidon d'une bicyclette ? ☐ **Affirmatif !** ☐ **Ben non !**

5. Qu'est-ce que tu vois par la fenêtre de ta chambre ? _ _ _ _ _ _ _ _ _

6. Quel genre d'élève es-tu ? ◯ Élève modèle
   ◯ Dans la moyenne ◯ Pas super

7. Nomme un truc qui te fait pleurer de rire : _ _ _ _ _ _ _ _ _ _ _

8. Quel est ton superhéros préféré ? _ _ _ _ _ _ _ _ _ _ _ _ _ _

9. Qu'est-ce que tu voudrais que les gens se rappellent à ton sujet ? _ _ _ _ _ _

10. T'es-tu déjà fait opérer ? ☐ **Affirmatif !** Pour quoi ? _ _ _ _ _ _ _ _
    ☐ **Ben non !**

11. Ta chanson de film préférée ? _ _ _ _ _ _ _ _ _ _ _ _ _ _ _ _ _

12. Nomme un truc qui t'étonne au max : _ _ _ _ _ _ _ _ _ _ _ _ _

13. Quelle couleur te va le mieux : ◯ Le rose ◯ Le bleu
    ◯ Le jaune ◯ Autre : _ _ _ _ _ _ _ _ _ _ _

14. As-tu lu un bon livre dernièrement ? ☐ **Affirmatif !** Quoi ? _ _ _ _ _ _ _
    ☐ **Ben non !**

15. Es-tu capable de siffler une chanson ? ◯ Bien sûr ! ◯ Un petit peu
    ◯ Pas du tout

16. Un mot pour décrire les filles :_ _ _ _ _ _ _ _ _ _ _ _ _ _ _ _ _ _

17. Un mot pour décrire les gars :_ _ _ _ _ _ _ _ _ _ _ _ _ _ _ _ _ _

18. À la montagne, tu aimes : ◯ Faire cuire des guimauves au-dessus du feu
    ◯ Escalader les rochers ◯ Faire de la randonnée

19. Nomme un truc légal auquel tu es dépendante : _ _ _ _ _ _ _ _ _ _

20. Le film le plus bizarre que tu aies vu ? _ _ _ _ _ _ _ _ _ _ _ _ _

Un mot que j'écris toujours mal ?

NÉCESSAIRE

1. Ton nom de famille : _____

2. Ce que tu veux faire quand tu seras plus grande : _____

3. As-tu déjà participé à une compétition ? ☐ oui, quoi? _____ ☐ non

4. As-tu gagné ? ☐ oui, quoi? _____ ☐ non

5. Décris un dimanche matin typique : _____

6. De quoi es-tu particulièrement fière? _____

7. Nomme un mot que tu écris toujours mal : _____

8. As-tu peur des hauteurs ? ☐ oui ☐ non

9. Ta sorte de gomme ou de menthe préférée : _____

10. Es-tu capable de manger avec des baguettes? ☐ oui ☐ non

11. Quel est ton parfum? _____

12. ◯ Gâteau au chocolat avec glaçage chocolaté
    ◯ Gâteau des anges avec des fruits?

13. ◯ Crayon ◯ Crayon à mine ◯ Stylo à bille ◯ Crayon-gel

14. Qu'est-ce qui est pire?
    ◯ Mal de tête ◯ Mal de dents ◯ Mal de ventre ◯ Mal de dos

15. Que choisirais-tu entre : ◯ Une moyenne de 100 % pendant un an
    ◯ Passer une année entière en compagnie du gars qui fait battre ton cœur

16. Quel est le bijou que tu portes le plus? _____

17. Qu'est-ce que tu préfères à propos de l'été? _____

18. ◯ Thé vert ◯ Thé chaud ◯ Thé glacé ◯ Biscuits à thé

19. As-tu déjà fait cuire un gâteau? ☐ oui ☐ non

20. Crois-tu: ◯ Au destin ◯ En Dieu ◯ En toi?

Mon délice glacé préféré ?

Une sucette glacée à l'orange !

1. As-tu un prénom? ☐ **Oui**, je m'appelle: . . . . ☐**Non**

2. Si tu pouvais pouvais assister à un seul concert cette année, lequel choisirais-tu? . . . .

3. Décris la montre que tu portes au poignet: . . . .

4. Classe ces animaux en ordre de préférence: ○ Aigle ○ Cheval ○ Guépard ○ Dauphin ○ Cochon

5. Es-tu bonne pour conter des blagues? ☐ **Oui** ☐ **Non** 😊

6. Tu crois que la vie est: ○ Juste ○ Injuste ○ Ça dépend de toi

7. Quel rôle aimerais-tu interpréter? ○ Une jeune fille en détresse ○ Un superhéros ○ Un méchant

8. Ta plus grande question existentielle? . . . .

9. As-tu déjà fait partie de la pièce de théâtre de l'école? ☐ **Oui** Quel rôle y as-tu joué? . . . . ☐ **Non**

10. Écoutes-tu: ○ Les paroles de la musique ○ Juste la mélodie?

11. As-tu un dessin animé préféré? ☐ **Oui** Lequel? . . . . . . ☐**Non**

12. Qu'est-ce qui est le plus mignon? ○ Des chiots ○ Des chatons ○ Autre: . . . .

13. Ton personnage préféré dans un film d'animation? . . . .

14. L'animal le plus bizarre que tu aies vu? . . . .

15. ○ Turquoise ○ Fuchsia ○ Vert menthe ○ Noir ○ Crème ○ Violet

16. Ta marque de vêtements préférée? . . . .

17. Ta boisson froide préférée? . . . .

18. Tes amis/es te décrivent comme étant: ○ Gentille ○ Fiable ○ Fofolle

19. Ton délice glacé préféré? . . . .

20. Qu'aimerais-tu faire dans 10 ans? . . . .

1. Je m'appelle: _ _ _ _ _ _ _ _   J'aimerais m'appeler: _ _ _ _ _ _ _ _ _

2. Te sens-tu mal pour les mauvais chanteurs qui auditionnent à *American Idol*?
   ☐ **Oui** ☐ **Pas vraiment**

3. Quand tu parles au téléphone: ◯ Tu marches de long en large
   ◯ Tu gesticules avec les mains ◯ Tu fais les deux

4. Est-ce que tu ris quand tu te frappes le coude? ☐ **Oui** ☐ **Pas vraiment**

5. Où aimes-tu passer tes vacances?
   ◯ Dans une grande ville ◯ Sur une plage ◯ Dans un autre pays

6. Aimes-tu lire de la poésie? ☐ **Oui** ☐ **Pas vraiment**

7. Tu es reconnue pour: ◯ Ton sens de l'humour ◯ Ton bon goût ◯ Ton talent?

8. À quel duo célèbre ta meilleure amie et toi ressemblez-vous le plus?
   ◯ Batman et Robin ◯ Scooby et Shaggy

9. Tu aimes: ◯ Mettre un peu de maquillage ◯ Mettre beaucoup de maquillage

10. Es-tu: ◯ Mademoiselle Aventure ◯ Mademoiselle Leader
    ◯ Mademoiselle Informée

11. Ton légume préféré? _ _ _ _ _ _ _ _ _ _ _ _ _ _ _

12. ◯ Restaurant-minute ◯ Restaurant thématique ◯ Restaurant chic?

13. Que fais-tu quand tu n'arrives pas à dormir?

14. Ton auto de rêve est: ◯ Un méga-utilitaire sport
    ◯ Une mini-auto sport ◯ Une limousine

15. ◯ Mac ◯ PC?

16. As-tu déjà fait partie d'un fan-club? ☐ **Oui** Lequel? _ _ _ _ _ ☐ **Non**

17. As-tu l'autographe d'une célébrité? ☐ **Oui** Qui? _ _ _ _ _ _ ☐ **Non**

18. Oses-tu le dire quand quelqu'un a de la nourriture coincée entre les dents?
    ☐ **Oui** ☐ **Non**

19. Ton animal de compagnie sait-il faire un truc vraiment cool?
    ☐ **Oui** Quoi? _ ☐ **Non**

20. Ta décoration murale préférée? _ _ _ _ _ _ _ _ _ _ _ _ _ _ _ _

ta malbouffe préférée ?
les croustilles

1. Ton nom? _____

2. Tu aimes la pizza : ⭕ Croûte épaisse ⭕ Croûte mince
   ⭕ Sicilienne ⭕ Farcie

3. Qu'est-ce que tu aimes mettre dans ton eau? ⭕ Du citron
   ⭕ De la lime ⭕ Rien du tout

4. Es-tu déjà passée à la télévision? ☐ Si **oui**, pourquoi? _____ ☐ **jamais**

5. Qui a la vie plus facile? ⭕ Les filles ⭕ Les gars

6. Ta sorte de croustilles préférée : ⭕ Crème sure et oignon ⭕ Barbecue
   ⭕ Cheddar ⭕ Nature ⭕ Ketchup ⭕ Assaisonnées

7. Ta sorte de gelée, de confiture ou de compote préférée? _____

8. Que fais-tu quand tu es coincée dans une longue file d'attente?
   ⭕ Tu regardes ta montre ⭕ Tu marmonnes tout haut
   ⭕ Tu prends ton mal en patience

9. ⭕ Banane ⭕ Pain aux bananes et aux noix ⭕ Tarte à la crème aux bananes

10. As-tu de la difficulté à demander pardon? ☐ **oui** ☐ **jamais**

11. ⭕ Œufs brouillés ⭕ Œufs frits ⭕ Œufs pochés
    ⭕ Œufs à la coque ⭕ Je n'aime pas les œufs

12. Le livre le plus ennuyeux que tu aies lu? _____

13. Ton type de viande préféré? _____

14. Qu'est-ce que tu préfères manger au cinéma?
    ⭕ Maïs soufflé ⭕ Réglisse ⭕ Nachos ⭕ Autre : _____

15. Dans quelle émission de télé aimerais-tu jouer? _____

16. Nomme un truc que tu adores et que la plupart des gens détestent : _____

17. Crois-tu parfois que tu es folle? ⭕ Tout le temps ⭕ Des fois
    ⭕ Non, ce sont les autres qui sont fous!

18. Ta malbouffe préférée? _____

19. Fais-tu des siestes? ☐ **oui** ☐ **jamais**

20. Ailes de poulet : ⭕ Originales ⭕ Extra-croustillantes ⭕ Piquantes

1. Ton prénom épelé à l'envers?. . . . .
2. Le dernier film que tu as vu? . . . .
3. ⚪ Taco ⚪ Burrito ⚪ Enchilada ⚪ Fajita
4. Quelle est ta sonnerie de cellulaire?. . . . .
5. Quelle est la couleur la plus populaire dans ta garde-robe?. . . . .
6. L'animal arctique le plus cool? ⚪ Pingouin ⚪ Ours polaire
   ⚪ Phoque du Groenland ⚪ Épaulard
7. Es-tu du genre à avoir: ⚪ Trop chaud ⚪ Trop froid?
8. Es-tu allergique à quelque chose?
   ☐ **hum, oui**, à : _____ ☐ **hum, non**
9. Ton CD préféré en ce moment?. . . . .
10. As-tu de la difficulté à admettre tes torts? ☐ **hum, oui** ☐ **hum, non**
11. Ton acteur préféré? . . . .
12. Ton actrice préférée?. . . . .
13. La matière que tu aimes le moins à l'école?. . . . .
14. As-tu déjà ouvert une porte même si c'était écrit de ne pas l'ouvrir ?
    ☐ **hum, oui** ☐ **hum, non**
15. Nomme un mot que tu n'aimes pas entendre: . . . .
16. Comment as-tu rencontré ton chum? . . . .
17. Avec quelle célébrité tu ne voudrais jamais changer de place? . . . .
18. Étudies-tu: ⚪ Dans le silence complet
    ⚪ Avec de la musique ⚪ Avec la télé allumée?
19. Combien de paires de souliers possèdes-tu? ⚪ 10 ou moins
    ⚪ 10 à 20 ⚪ Plus de 20
20. Ton sandwich préféré? . . . .

1. Je m'appelle : _____

2. J'aimerais m'appeler : _____

3. Est-ce que tes parents t'ont déjà fait honte ? ☐ **C'est clair !** ☐ **Négatif !**

4. De quelle façon t'ont-ils fait honte ? _____

5. Avec quelle célébrité aimerais-tu changer de place ? _____

6. Si tu pouvais inventer quelque chose, que choisirais-tu ? _____

7. Combien de dents as-tu ? _____

8. Te blanchis-tu les dents ? ☐ **Oui**, avec les produits vendus à la pharmacie

   ☐ **Oui**, chez le dentiste   ☐ **Non**

9. Combien de fois par jour te brosses-tu les dents ? _____

10. Les règles sont faites pour : ◯ Être respectées

    ◯ Établir une ligne de conduite   ◯ Être enfreintes

11. La pire erreur que tu aies faite du point de vue vestimentaire ? _____

12. La chose qui t'énerve le plus à propos de l'école ? _____

13. La chose que tu préfères à propos de l'école ? _____

14. Fais-tu de l'exercice physique ? ☐ **C'est clair !** ☐ **Négatif !** ☐ **Des fois**

15. Si tu as répondu oui au #14, quel genre d'exercice fais-tu ? _____

16. Le truc le plus dégueu que tu aies mangé ? _____

17. ◯ Pourquoi remettre à demain ce qu'on peut faire aujourd'hui ?

    ◯ Pourquoi faire aujourd'hui ce qu'on peut remettre à demain ?

18. Les jeunes enfants sont : ◯ Amusants ◯ Énervants ?

19. Tu fais tes travaux scolaires : ◯ Bien en avance

    ◯ Quelques jours d'avance ◯ La veille

20. Tu étudies : ◯ Seule ◯ Avec un/une ami/e ◯ En groupe ◯ jamais

Débile ! Je sais tout !

1. Ton prénom, ton second prénom et ton nom de famille : . . . .
2. Lis-tu les instructions avant d'assembler un objet? ☐ Bien sûr ! ☐ Pas du tout !
3. Ton année préférée à l'école : . . . .
4. L'adulte le plus cool que tu connaisses ?. . . . .
5. ◯ Petite ville ◯ Grosse ville?   Ta ville préférée? . . . .
6. À qui as-tu le plus de facilité à acheter un cadeau ?. . . . .
7. ◯ Vraie mayo ◯ Mayo allégée ◯ Mayo sans gras Beurk !
8. Tu raffoles des patates : ◯ frites ◯ rissolées
    ◯ au four ◯ des croustilles ◯ pilées?
9. Qu'est-ce qui est pire : ◯ Des choux de Bruxelles ◯ Des épinards?
10. Aimes-tu les films étrangers ?
    ☐ Bien sûr ! ☐ Pas du tout ! Les sous-titres me rendent folle !
11. T'es-tu déjà promenée en public avec la braguette ouverte ?
    ☐ Bien sûr ! ☐ Pas du tout !
12. T'es-tu déjà promenée en public avec du papier de toilette coincé sous ton soulier ?
    ☐ Bien sûr ! ☐ Pas du tout !
13. As-tu déjà oublié d'enlever l'étiquette de prix d'un vêtement avant de le porter ?
    ☐ Bien sûr ! ☐ Pas du tout !
14. À quoi te fait penser le mot orange ? . . . .
15. À quoi te fait penser la couleur rouge ? . . . .
16. Quelle est la couleur la plus apaisante ? . . . .
17. Oserais-tu marcher sous une échelle ? ☐ Bien sûr! ☐ Pas du tout!
18. Oserais-tu ouvrir un parapluie à l'intérieur de la maison ?
    ☐ Bien sûr! ☐ Pas du tout!
19. As-tu déjà trébuché devant tout le monde ? ☐ Bien sûr! ☐ Pas du tout!
20. La personne la plus intelligente que tu connaisses ? . . . .

À quoi te fait penser la couleur rouge ?
à du brillant à lèvres

1. Ton nom, s'il te plaît? _ _ _ _ _ _ _ _ _ _ _ _ _ _ _ _ _ _

2. La dernière fois que tu as lu le journal? _ _ _ _ _ _ _ _ _

3. La dernière fois que tu as consulté un dictionnaire? _ _ _ _ _ _ _ _

4. Le dernier plat que tu as cuisiné? _ _ _ _ _ _ _ _ _ _ _

5. Ta pièce préférée dans ton appartement ou ta maison? _ _ _ _ _ _ _ _

6. Ton style de déco intérieur préféré? _ _ _ _ _ _ _ _ _ _ _

7. Décris ton style vestimentaire: _ _ _ _ _ _ _ _ _ _ _ _ _ _ _ _

8. Comment sont tes cheveux aujourd'hui? ◯ Impeccables
   ◯ Dégueu ◯ Passables

9. Empruntes-tu les vêtements de tes amies?
   ☐ ben ouais ! ☐ tellement pas !

10. Quelle est la personne qui t'encourage le plus? _ _ _ _ _ _ _ _ _ _

11. Peux-tu nommer tous les rennes du père Noël?
    ☐ ben ouais ! ☐ tellement pas !

12. Si tu as répondu oui, nomme-les! _ _ _ _ _ _ _ _ _ _ _

13. Aimes-tu le lait de poule? ☐ ben ouais ! ☐ tellement pas !

14. Ton mets préféré du temps des Fêtes? _ _ _ _ _ _ _ _ _ _

15. As-tu le cœur sensible? ☐ ben ouais ! ☐ tellement pas !

16. Si oui, qu'est-ce qui te lève le cœur? _ _ _ _ _ _ _ _ _ _ _

17. Es-tu du genre à manger n'importe quoi? _ _ _ _ _ _ _ _ _

18. En camping, tu aimes dormir dans: ◯ Une tente
    ◯ Un chalet ◯ Une roulotte

19. As-tu déjà vu un animal sauvage?
    ☐ ben ouais ! Lequel _ _ _ _ _ _ _ _ _ _   ☐ tellement pas !

20. Ton parc d'attractions préféré? _ _ _ _ _ _ _ _ _ _ _

1. Mes initiales sont : _____

2. Ta race de chiens préférée? _____

3. Ton plus grand défaut? _____

4. Ta plus grande qualité? _____

5. Je connais plein de choses à propos : _____

6. Je ne connais pas grand-chose à propos : _____

7. En vacances :
   ⚪ Je m'amuse avec ma famille   ⚪ Je ne supporte pas ma famille

8. Le moment le plus embarrassant de ma vie : _____

9. Nomme un truc que tu rêverais de faire,
   mais que tu ne crois pas possible : _____

10. Pourquoi? _____

11. Te fixes-tu de nouveaux objectifs?
    ☐ Ouais ! Quoi? _____   ☐ Pas vraiment !

12. As-tu déjà atteint un tes objectifs?
    ☐ Ouais ! Quoi? _____   ☐ Pas vraiment !

13. ⚪ J'adore me réveiller avec le chant des oiseaux
    ⚪ Je déteste quand les oiseaux me réveillent

14. As-tu un rituel avant de t'endormir?
    ☐ Ouais ! Quoi? _____   ☐ Pas vraiment !

15. As-tu un rituel quand tu te lèves le matin?
    ☐ Ouais ! Quoi? _____   ☐ Pas vraiment !

16. Aimes-tu les histoires qui finissent bien? ☐ Ouais ! ☐ Pas vraiment !

17. Qui t'a appris à lacer tes souliers? _____

18. Sais-tu qui est le héros/l'héroïne de ton père?
    ☐ Ouais ! Qui? _____   ☐ Pas vraiment !

19. Sais-tu qui est le héros/l'héroïne de ta mère?
    ☐ Ouais ! Qui? _____   ☐ Pas vraiment !

20. Qui est ton héros/tom héroïne? _____

Quelle est ta plus grande qualité ?
La loyauté

☆ ☆ ☆ ☆ ☆

1. Je m'appelle : . . . .

2. Crois-tu en la magie? ☐ **Bien sûr!** ☐ **Tellement pas!**

3. La chose la plus dégueu que tu aies mangée?. . . . .

4. Nomme un film que tu peux voir sans arrêt : . . . .

5. La pire émission de télé en ce moment? . . . .

6. As-tu déjà fait semblant d'aimer un cadeau que tu détestais?
   ☐ **Bien sûr!** ☐ **Tellement pas!**

7. Tu aimes les frites : ◯ Juliennes ◯ Ondulées
   ◯ Épaisses ◯ Gaufrées

8. Tu aimes les bagels : ◯ Nature ◯ Au blé entier
   ◯ Sucrés ◯ Toutes les sortes!

9. Tu manges ton bagel : ◯ Sans garniture ◯ Avec du fromage à la crème

10. Aimes-tu les jeux de société? ☐ **Bien sûr!** ☐ **Tellement pas!**

11. Quel animal aimerais-tu avoir si tu savais qu'il n'y avait aucun risque?. . . . .

12. Ton chiffre préféré? . . . .

13. Le meilleur conseil qu'on t'ait donné? . . . .

14. Le meilleur conseil que tu aies donné? . . . .

15. As-tu déjà passé une nuit entière à regarder des films?
    ☐ **Bien sûr!** ☐ **Tellement pas!**

16. As-tu déjà passé une nuit entière à parler au téléphone avec ton ami/e?
    ☐ **Bien sûr!** ☐ **Tellement pas!**

17. Commandes-tu des trucs par Internet? ☐ **Bien sûr!** ☐ **Tellement pas!**

18. Quel super-sens aimerais-tu posséder? ◯ L'ouïe ◯ La vue ◯ L'odorat

19. Quel accessoire te représente le mieux? . . . .

20. Est-ce que tu le portes en ce moment? ☐ **Bien sûr!** ☐ **Tellement pas!**

1. Mes amis/es m'appellent : (nom) _ _ _ _ _ _ _ _ _ _ _ _ _ _ _ _ _ _

2. Je me procure ma musique : ◯ Au magasin ◯ Sur Internet ◯ Les deux

3. Décris ton chum en un mot : _ _ _ _ _ _ _ _ _ _ _ _ _ _ _ _ _ _

4. Aimerais-tu être D.J. à la radio ? ☐ YEP ! ☐ NOOON !

5. Si oui, quelle musique mettrais-tu ? _ _ _ _ _ _ _ _ _ _ _ _ _ _ _ _

6. 🍀 T'habilles-tu en vert le jour de la Saint-Patrick ? ☐ YEP ! ☐ NOOON !

7. T'ennuies-tu des jeux d'enfant comme la chasse aux œufs ?
☐ YEP ! ☐ NOOON !

8. Déposais-tu tes dents sous l'oreiller ? ☐ YEP ! ☐ NOOON !

9. Sais-tu ce que veut dire RSVP ?
☐ YEP ! Ça veut dire : _ _ _ _ _ _ _ _ _ _ _ _ _ _ _ ☐ NOOON !

10. Quel est ton truc pour te sortir une chanson de la tête ? _ _ _ _ _ _ _

11. Qu'est-ce que tu achètes quand t'as envie de faire une folie ? _ _ _ _ _

12. Es-tu plus : ◯ Émotive ◯ Rationnelle ◯ 50/50 ?

13. Es-tu : ◯ Extravertie ◯ Introvertie ◯ Un peu des deux ?

14. Je préfère :
◯ Faire un pique-nique dans un parc ◯ Faire une grande sortie

15. Le sport le plus ennuyeux à regarder ? _ _ _ _ _ _ _ _ _ _ _ _ _

16. À quelle célébrité ta meilleure amie te compare-t-elle ? _ _ _ _ _ _ _ _

17. As-tu déjà eu une prémonition ? ☐ YEP ! ☐ NOOON !

18. Comment tes parents te décriraient-ils ? _ _ _ _ _ _ _ _ _ _ _ _ _ _

19. Tu trouves 50 $. Que fais-tu ? ◯ Tu le déposes dans un compte
◯ Tu le dépenses ◯ Tu essaies de trouver à qui il appartient

20. Quelle émission de télé as-tu regardée hier soir ? _ _ _ _ _ _ _ _ _ _

J'aimerais avoir un robot pour lui faire faire les trucs que je déteste !

1. Mon nom à la naissance : _____

2. Comment dépenserais-tu 1000 $ en une journée? _____

3. Nomme un événement que tu as organisé et qui a tourné au vinaigre : _____

4. As-tu un profil sur MySpace? ☐ Ouais ! ☐ Non !

5. Ton personnage de livre préféré? _____

6. Ton groupe de musique préféré à vie?_____

7. Je perds la notion du temps quand : _____

8. Aimerais-tu avoir un robot? ☐ Ouais ! ☐ Non !

9. Tes amies viennent te voir quand elles ont besoin:
   ◯ D'encouragements   ◯ De voir la réalité en face

10. Qu'est-ce que tu fais pendant ton temps libre?_____

11. Parles-tu à ton animal de compagnie comme s'il était un humain?
    ☐ Ouais ! ☐ Non !

12. Es-tu du genre à: ◯ Ressasser le passé dans ta tête
    ◯ Regarder vers l'avant

13. Selon toi, combien de temps durera le monde?_____

14. Une leçon que tu as apprise à tes dépens? _____

15. Où es-tu en ce moment?_____

16. À côté de qui es-tu assise en ce moment? _____

17. Combien de fois remets-tu ton cadran le matin? _____

18. Selon toi, qu'arrive-t-il à l'âme après la mort?_____

19. Es-tu capable de jouer au yo-yo?
    ☐ Ouais ! ☐ Non ! ☐ M'en fiche !

20. Aimes-tu être le centre d'attention? ◯ Toujours
    ◯ Des fois ◯ Jamais

1. Le nom qui apparaît sur ton extrait de naissance : . . . .

2. Journée de la semaine, date et heure de ta naissance : . . . .

3. Ton premier mot ? . . . .

4. La langue que tu trouves la plus jolie ? . . . .

5. Crois-tu que tu contrôles bien ta vie ? ☐ Ouais ! ☐ Non !

6. Lis-tu les infos nutritionnelles des aliments avant de les acheter ?
   ☐ Ouais ! ☐ Non !

7. Avec qui parles-tu des trucs sérieux ? . . . .

8. Que fais-tu quand tu es fâchée ? ○ Tu cries ○ Tu pleures ○ Tu ne dis rien

9. Ton plus beau souvenir ? . . . .

10. Ton pire souvenir ? . . . .

11. Es-tu du genre à : ○ Prendre une décision rapide
    ○ Réfléchir avant de prendre une décision ○ Éviter de prendre une décision

12. As-tu des regrets ?
    ☐ Ouais ! Quoi ? . . . . ☐ Non !

13. Si tu avais une heure de plus par jour, qu'en ferais-tu ? . . . .

14. Décris un samedi matin typique : . . . .

15. As-tu déjà fait un tour d'hélicoptère ?
    ☐ Ouais ! ☐ Non !

16. Nomme un truc que la plupart des gens ignorent à ton sujet : . . . . . .

17. ○ J'ai le pouce vert ○ Je tue tout ce qui pousse
    ○ Je n'ai jamais eu de plante

18. ○ Marguerite ○ Rose ○ Autre : . . . .

19. Qu'est-ce qui est pire ? ○ Se couper avec du papier ○ Se brûler la langue

20. Je suis comme : ○ Ma mère ○ Mon père
    ○ Aucun des deux – Je suis peut-être une extraterrestre !

1. Écris tous tes noms : _ _ _ _ _ _ _ _ _ _ _ _ _ _ _ _ _ _ _
2. Un mot pour te décrire ? _ _ _ _ _ _ _ _ _ _ _ _ _ _ _ _ _
3. ◯ Licorne ◯ Pégase ◯ Dragon ◯ Autre : _ _ _ _ _ _ _ _ _
4. Es-tu déjà montée sur le guidon d'une bicyclette ? ☐ Affirmatif ! ☐ Ben non !
5. Qu'est-ce que tu vois par la fenêtre de ta chambre ? _ _ _ _ _ _ _ _ _ _
6. Quel genre d'élève es-tu ? ◯ Élève modèle
   ◯ Dans la moyenne ◯ Pas super
7. Nomme un truc qui te fait pleurer de rire : _ _ _ _ _ _ _ _ _ _
8. Quel est ton superhéros préféré ? _ _ _ _ _ _ _ _ _ _ _ _ _ _
9. Qu'est-ce que tu voudrais que les gens se rappellent à ton sujet ? _ _ _ _ _
10. T'es-tu déjà fait opérer ? ☐ Affirmatif ! Pour quoi ? _ _ _ _ _ _ _
    ☐ Ben non !
11. Ta chanson de film préférée ? _ _ _ _ _ _ _ _ _ _ _ _ _ _ _
12. Nomme un truc qui t'étonne au max : _ _ _ _ _ _ _ _ _ _ _ _
13. Quelle couleur te va le mieux : ◯ Le rose ◯ Le bleu
    ◯ Le jaune ◯ Autre : _ _ _ _ _ _ _ _ _ _ _ _ _ _
14. As-tu lu un bon livre dernièrement ? ☐ Affirmatif ! Quoi ? _ _ _ _ _
    ☐ Ben non !
15. Es-tu capable de siffler une chanson ? ◯ Bien sûr! ◯ Un petit peu
    ◯ Pas du tout
16. Un mot pour décrire les filles :_ _ _ _ _ _ _ _ _ _ _ _ _ _ _ _
17. Un mot pour décrire les gars :_ _ _ _ _ _ _ _ _ _ _ _ _ _ _
18. À la montagne, tu aimes : ◯ Faire cuire des guimauves au-dessus du feu
    ◯ Escalader les rochers ◯ Faire de la randonnée
19. Nomme un truc légal auquel tu es dépendante : _ _ _ _ _ _ _ _ _ _ _
20. Le film le plus bizarre que tu aies vu ?_ _ _ _ _ _ _ _ _ _ _ _ _

Un mot
que j'écris
toujours mal?

NÉCESSAIRE

1. Ton nom de famille : _____

2. Ce que tu veux faire quand tu seras plus grande : _____

3. As-tu déjà participé à une compétition ? ☐ oui, quoi? _____ ☐ non

4. As-tu gagné ? ☐ oui, quoi? _____ ☐ non

5. Décris un dimanche matin typique : _____

6. De quoi es-tu particulièrement fière? _____

7. Nomme un mot que tu écris toujours mal : _____

8. As-tu peur des hauteurs? ☐ oui ☐ non

9. Ta sorte de gomme ou de menthe préférée : _____

10. Es-tu capable de manger avec des baguettes? ☐ oui ☐ non

11. Quel est ton parfum? _____

12. ◯ Gâteau au chocolat avec glaçage chocolaté
    ◯ Gâteau des anges avec des fruits?

13. ◯ Crayon ◯ Crayon à mine ◯ Stylo à bille ◯ Crayon-gel

14. Qu'est-ce qui est pire?
    ◯ Mal de tête ◯ Mal de dents ◯ Mal de ventre ◯ Mal de dos

15. Que choisirais-tu entre : ◯ Une moyenne de 100 % pendant un an
    ◯ Passer une année entière en compagnie du gars qui fait battre ton cœur

16. Quel est le bijou que tu portes le plus? _____

17. Qu'est-ce que tu préfères à propos de l'été? _____

18. ◯ Thé vert ◯ Thé chaud ◯ Thé glacé ◯ Biscuits à thé

19. As-tu déjà fait cuire un gâteau? ☐ oui ☐ non

20. Crois-tu : ◯ Au destin ◯ En Dieu ◯ En toi?

Mon délice glacé préféré?

Une sucette glacée à l'orange!

1. As-tu un prénom? ☐ **Oui**, je m'appelle: . . . . ☐ **Non**
2. Si tu pouvais pouvais assister à un seul concert cette année, lequel choisirais-tu? . . . .
3. Décris la montre que tu portes au poignet: . . . .
4. Classe ces animaux en ordre de préférence: ◯ Aigle ◯ Cheval
   ◯ Guépard ◯ Dauphin ◯ Cochon
5. Es-tu bonne pour conter des blagues? ☐ **Oui** ☐ **Non** 😄
6. Tu crois que la vie est: ◯ Juste ◯ Injuste ◯ Ça dépend de toi
7. Quel rôle aimerais-tu interpréter?
   ◯ Une jeune fille en détresse ◯ Un superhéros ◯ Un méchant
8. Ta plus grande question existentielle?. . . . .
9. As-tu déjà fait partie de la pièce de théâtre de l'école?
   ☐ **Oui** Quel rôle y as-tu joué? . . . . ☐ **Non**
10. Écoutes-tu: ◯ Les paroles de la musique ◯ Juste la mélodie?
11. As-tu un dessin animé préféré? ☐ **Oui** Lequel? . . . . ☐ **Non**
12. Qu'est-ce qui est le plus mignon? ◯ Des chiots
    ◯ Des chatons ◯ Autre: . . . .
13. Ton personnage préféré dans un film d'animation?. . . . .
14. L'animal le plus bizarre que tu aies vu? . . . .
15. ◯ Turquoise ◯ Fuchsia ◯ Vert menthe ◯ Noir
    ◯ Crème ◯ Violet
16. Ta marque de vêtements préférée? . . . .
17. Ta boisson froide préférée? 🖌
18. Tes amis/es te décrivent comme étant: ◯ Gentille ◯ Fiable ◯ Fofolle
19. Ton délice glacé préféré?. . . . .
20. Qu'aimerais-tu faire dans 10 ans?. . . . .

Quel truc ton animal sait-il faire?
Mon chat rapporte la balle!

1. Je m'appelle: _ _ _ _ _ _ _   J'aimerais m'appeler: _ _ _ _ _ _ _

2. Te sens-tu mal pour les mauvais chanteurs qui auditionnent à *American Idol*?
☐ **Oui** ☐ **Pas vraiment**

3. Quand tu parles au téléphone: ◯ Tu marches de long en large
◯ Tu gesticules avec les mains ◯ Tu fais les deux

4. Est-ce que tu ris quand tu te frappes le coude? ☐ **Oui** ☐ **Pas vraiment**

5. Où aimes-tu passer tes vacances?
◯ Dans une grande ville ◯ Sur une plage ◯ Dans un autre pays

6. Aimes-tu lire de la poésie? ☐ **Oui** ☐ **Pas vraiment**

7. Tu es reconnue pour: ◯ Ton sens de l'humour ◯ Ton bon goût ◯ Ton talent?

8. À quel duo célèbre ta meilleure amie et toi ressemblez-vous le plus?
◯ Batman et Robin ◯ Scooby et Shaggy

9. Tu aimes: ◯ Mettre un peu de maquillage ◯ Mettre beaucoup de maquillage

10. Es-tu: ◯ Mademoiselle Aventure ◯ Mademoiselle Leader
◯ Mademoiselle Informée

11. Ton légume préféré? _ _ _ _ _ _ _ _ _ _ _ _

12. ◯ Restaurant-minute ◯ Restaurant thématique ◯ Restaurant chic?

13. Que fais-tu quand tu n'arrives pas à dormir?

14. Ton auto de rêve est: ◯ Un méga-utilitaire sport
◯ Une mini-auto sport ◯ Une limousine

15. ◯ Mac ◯ PC?

16. As-tu déjà fait partie d'un fan-club? ☐ **Oui** Lequel? _ _ _ _ _ ☐ **Non**

17. As-tu l'autographe d'une célébrité? ☐ **Oui** Qui? _ _ _ _ _ ☐ **Non**

18. Oses-tu le dire quand quelqu'un a de la nourriture coincée entre les dents?
☐ **Oui** ☐ **Non**

19. Ton animal de compagnie sait-il faire un truc vraiment cool?
☐ **Oui** Quoi? _ _ _ _ _ _ _ _ _ _ _ _ _ _ _ ☐ **Non**

20. Ta décoration murale préférée? _ _ _ _ _ _ _ _ _ _ _

ta malbouffe préférée?
les croustilles

1. Ton nom? _____
2. Tu aimes la pizza: ◯ Croûte épaisse ◯ Croûte mince
   ◯ Sicilienne ◯ Farcie
3. Qu'est-ce que tu aimes mettre dans ton eau? ◯ Du citron
   ◯ De la lime ◯ Rien du tout
4. Es-tu déjà passée à la télévision? ☐ Si **oui**, pourquoi? _____ ☐ **jamais**
5. Qui a la vie plus facile? ◯ Les filles ◯ Les gars
6. Ta sorte de croustilles préférée: ◯ Crème sure et oignon ◯ Barbecue
   ◯ Cheddar ◯ Nature ◯ Ketchup ◯ Assaisonnées
7. Ta sorte de gelée, de confiture ou de compote préférée?_____
8. Que fais-tu quand tu es coincée dans une longue file d'attente?
   ◯ Tu regardes ta montre ◯ Tu marmonnes tout haut
   ◯ Tu prends ton mal en patience
9. ◯ Banane ◯ Pain aux bananes et aux noix ◯ Tarte à la crème aux bananes
10. As-tu de la difficulté à demander pardon? ☐ **oui** ☐ **jamais**
11. ◯ Œufs brouillés ◯ Œufs frits ◯ Œufs pochés
    ◯ Œufs à la coque ◯ Je n'aime pas les œufs
12. Le livre le plus ennuyeux que tu aies lu? _____
13. Ton type de viande préféré? _____
14. Qu'est-ce que tu préfères manger au cinéma?
    ◯ Maïs soufflé ◯ Réglisse ◯ Nachos ◯ Autre: _____
15. Dans quelle émission de télé aimerais-tu jouer?_____
16. Nomme un truc que tu adores et que la plupart des gens détestent: _____
17. Crois-tu parfois que tu es folle? ◯ Tout le temps ◯ Des fois
    ◯ Non, ce sont les autres qui sont fous!
18. Ta malbouffe préférée?_____
19. Fais-tu des siestes? ☐ **oui** ☐ **jamais**
20. Ailes de poulet: ◯ Originales ◯ Extra-croustillantes ◯ Piquantes

un mot que je n'aime pas entendre?

Sang

1. Ton prénom épelé à l'envers? . . . .
2. Le dernier film que tu as vu? . . . .
3. ◯ Taco ◯ Burrito ◯ Enchilada ◯ Fajita
4. Quelle est ta sonnerie de cellulaire? . . . .
5. Quelle est la couleur la plus populaire dans ta garde-robe? . . . .
6. L'animal arctique le plus cool? ◯ Pingouin ◯ Ours polaire
   ◯ Phoque du Groenland ◯ Épaulard
7. Es-tu du genre à avoir : ◯ Trop chaud ◯ Trop froid?
8. Es-tu allergique à quelque chose?
   ☐ hum, oui, à : _____ ☐ hum, non
9. Ton CD préféré en ce moment? . . . .
10. As-tu de la difficulté à admettre tes torts? ☐ hum, oui ☐ hum, non
11. Ton acteur préféré? . . . .
12. Ton actrice préférée? . . . .
13. La matière que tu aimes le moins à l'école? . . . .
14. As-tu déjà ouvert une porte même si c'était écrit de ne pas l'ouvrir?
    ☐ hum, oui ☐ hum, non
15. Nomme un mot que tu n'aimes pas entendre : . . . .
16. Comment as-tu rencontré ton chum? . . . .
17. Avec quelle célébrité tu ne voudrais jamais changer de place? . . . .
18. Étudies-tu : ◯ Dans le silence complet
    ◯ Avec de la musique ◯ Avec la télé allumée?
19. Combien de paires de souliers possèdes-tu? ◯ 10 ou moins
    ◯ 10 à 20 ◯ Plus de 20
20. Ton sandwich préféré? . . . .

1. Je m'appelle : _____

2. J'aimerais m'appeler : _____

3. Est-ce que tes parents t'ont déjà fait honte ? ☐ **C'est clair !** ☐ **Négatif !**

4. De quelle façon t'ont-ils fait honte ? _____

5. Avec quelle célébrité aimerais-tu changer de place ? _____

6. Si tu pouvais inventer quelque chose, que choisirais-tu ? _____

7. Combien de dents as-tu ? _____

8. Te blanchis-tu les dents ? ☐ **Oui**, avec les produits vendus à la pharmacie
   ☐ **Oui**, chez le dentiste ☐ **Non**

9. Combien de fois par jour te brosses-tu les dents ? _____

10. Les règles sont faites pour : ◯ Être respectées
    ◯ Établir une ligne de conduite ◯ Être enfreintes

11. La pire erreur que tu aies faite du point de vue vestimentaire ? _____

12. La chose qui t'énerve le plus à propos de l'école ? _____

13. La chose que tu préfères à propos de l'école ? _____

14. Fais-tu de l'exercice physique ? ☐ **C'est clair !** ☐ **Négatif !** ☐ **Des fois**

15. Si tu as répondu oui au #14, quel genre d'exercice fais-tu ? _____

16. Le truc le plus dégueu que tu aies mangé ? _____

17. ◯ Pourquoi remettre à demain ce qu'on peut faire aujourd'hui ?
    ◯ Pourquoi faire aujourd'hui ce qu'on peut remettre à demain ?

18. Les jeunes enfants sont : ◯ Amusants ◯ Énervants ?

19. Tu fais tes travaux scolaires : ◯ Bien en avance
    ◯ Quelques jours d'avance ◯ La veille

20. Tu étudies : ◯ Seule ◯ Avec un/une ami/e ◯ En groupe ◯ jamais

1. Ton prénom, ton second prénom et ton nom de famille : . . . .
2. Lis-tu les instructions avant d'assembler un objet ? ☐ Bien sûr ! ☐ Pas du tout !
3. Ton année préférée à l'école : . . . .
4. L'adulte le plus cool que tu connaisses ? . . . .
5. ◯ Petite ville ◯ Grosse ville ? Ta ville préférée ? . . . .
6. À qui as-tu le plus de facilité à acheter un cadeau ? . . . .
7. ◯ Vraie mayo ◯ Mayo allégée ◯ Mayo sans gras Beurk !
8. Tu raffoles des patates : ◯ frites ◯ rissolées
   ◯ au four ◯ des croustilles ◯ pilées ?
9. Qu'est-ce qui est pire : ◯ Des choux de Bruxelles ◯ Des épinards ?
10. Aimes-tu les films étrangers ?
    ☐ Bien sûr ! ☐ Pas du tout ! Les sous-titres me rendent folle !
11. T'es-tu déjà promenée en public avec la braguette ouverte ?
    ☐ Bien sûr ! ☐ Pas du tout !
12. T'es-tu déjà promenée en public avec du papier de toilette coincé sous ton soulier ?
    ☐ Bien sûr ! ☐ Pas du tout !
13. As-tu déjà oublié d'enlever l'étiquette de prix d'un vêtement avant de le porter ?
    ☐ Bien sûr ! ☐ Pas du tout !
14. À quoi te fait penser le mot orange ? . . . .
15. À quoi te fait penser la couleur rouge ? . . . .
16. Quelle est la couleur la plus apaisante ? . . . .
17. Oserais-tu marcher sous une échelle ? ☐ Bien sûr! ☐ Pas du tout!
18. Oserais-tu ouvrir un parapluie à l'intérieur de la maison ?
    ☐ Bien sûr ! ☐ Pas du tout!
19. As-tu déjà trébuché devant tout le monde ? ☐ Bien sûr! ☐ Pas du tout!
20. La personne la plus intelligente que tu connaisses ? . . . .

à quoi te fait penser la couleur rouge ?
à du brillant à lèvres

1. Ton nom, s'il te plaît? _ _ _ _ _ _ _ _ _ _ _ _ _ _ _ _ _

2. La dernière fois que tu as lu le journal? _ _ _ _ _ _ _ _ _ _ _

3. La dernière fois que tu as consulté un dictionnaire? _ _ _ _ _ _ _ _

4. Le dernier plat que tu as cuisiné? _ _ _ _ _ _ _ _ _ _ _

5. Ta pièce préférée dans ton appartement ou ta maison? _ _ _ _ _ _ _ _

6. Ton style de déco intérieure préféré? _ _ _ _ _ _ _ _ _ _

7. Décris ton style vestimentaire: _ _ _ _ _ _ _ _ _ _ _ _

8. Comment sont tes cheveux aujourd'hui? ◯ Impeccables
◯ Dégueu ◯ Passables

9. Empruntes-tu les vêtements de tes amies?
☐ ben ouais ! ☐ tellement pas !

10. Quelle est la personne qui t'encourage le plus? _ _ _ _ _ _ _ _ _ _ _

11. Peux-tu nommer tous les rennes du père Noël?
☐ ben ouais ! ☐ tellement pas !

12. Si tu as répondu oui, nomme-les! _ _ _ _ _ _ _ _ _ _ _ _

13. Aimes-tu le lait de poule? ☐ ben ouais ! ☐ tellement pas !

14. Ton mets préféré du temps des Fêtes? _ _ _ _ _ _ _ _ _ _ _ _ _

15. As-tu le cœur sensible? ☐ ben ouais ! ☐ tellement pas !

16. Si oui, qu'est-ce qui te lève le cœur? _ _ _ _ _ _ _ _ _ _ _

17. Es-tu du genre à manger n'importe quoi? _ _ _ _ _ _ _ _ _ _

18. En camping, tu aimes dormir dans: ◯ Une tente
◯ Un chalet ◯ Une roulotte

19. As-tu déjà vu un animal sauvage?
☐ ben ouais ! Lequel _ _ _ _ _ _ _ _ _ _ ☐ tellement pas !

20. Ton parc d'attractions préféré? _ _ _ _ _ _ _ _ _ _ _

Quel est ton style de déco intérieure préféré ?
Veillot chic

1. Mes initiales sont : _____
2. Ta race de chiens préférée? _____
3. Ton plus grand défaut? _____
4. Ta plus grande qualité? _____
5. Je connais plein de choses à propos : _____
6. Je ne connais pas grand-chose à propos : _____
7. En vacances :
   ◯ Je m'amuse avec ma famille   ◯ Je ne supporte pas ma famille
8. Le moment le plus embarrassant de ma vie : _____
9. Nomme un truc que tu rêverais de faire,
   mais que tu ne crois pas possible : _____
10. Pourquoi? _____
11. Te fixes-tu de nouveaux objectifs?
    ☐ Ouais ! Quoi? _____   ☐ Pas vraiment!
12. As-tu déjà atteint un tes objectifs?
    ☐ Ouais ! Quoi? _____   ☐ Pas vraiment!
13. ◯ J'adore me réveiller avec le chant des oiseaux
    ◯ Je déteste quand les oiseaux me réveillent
14. As-tu un rituel avant de t'endormir?
    ☐ Ouais ! Quoi? _____   ☐ Pas vraiment!
15. As-tu un rituel quand tu te lèves le matin?
    ☐ Ouais ! Quoi? _____   ☐ Pas vraiment!
16. Aimes-tu les histoires qui finissent bien?   ☐ Ouais !   ☐ Pas vraiment!
17. Qui t'a appris à lacer tes souliers? _____
18. Sais-tu qui est le héros/l'héroïne de ton père?
    ☐ Ouais ! Qui? _____   ☐ Pas vraiment!
19. Sais-tu qui est le héros/l'héroïne de ta mère?
    ☐ Ouais ! Qui? _____   ☐ Pas vraiment!
20. Qui est ton héros/tom héroïne? _____

Quelle est
ta plus grande qualité ?
La loyauté

★ ★ ★ ★ ★

1. Je m'appelle : . . . .

2. Crois-tu en la magie? ☐ **Bien sûr!** ☐ **Tellement pas!**

3. La chose la plus dégueu que tu aies mangée?. . . . .

4. Nomme un film que tu peux voir sans arrêt : . . . .

5. La pire émission de télé en ce moment? . . . .

6. As-tu déjà fait semblant d'aimer un cadeau que tu détestais?
   ☐ **Bien sûr!** ☐ **Tellement pas!**

7. Tu aimes les frites : ◯ Juliennes   ◯ Ondulées
   ◯ Épaisses   ◯ Gaufrées

8. Tu aimes les bagels : ◯ Nature   ◯ Au blé entier
   ◯ Sucrés   ◯ Toutes les sortes!

9. Tu manges ton bagel :   ◯ Sans garniture   ◯ Avec du fromage à la crème

10. Aimes-tu les jeux de société? ☐ **Bien sûr!** ☐ **Tellement pas!**

11. Quel animal aimerais-tu avoir si tu savais qu'il n'y avait aucun risque?. . . . .

12. Ton chiffre préféré? . . . .

13. Le meilleur conseil qu'on t'ait donné? . . . .

14. Le meilleur conseil que tu aies donné? . . . .

15. As-tu déjà passé une nuit entière à regarder des films?
    ☐ **Bien sûr!** ☐ **Tellement pas!**

16. As-tu déjà passé une nuit entière à parler au téléphone avec ton ami/e?
    ☐ **Bien sûr!** ☐ **Tellement pas!**

17. Commandes-tu des trucs par Internet? ☐ **Bien sûr!** ☐ **Tellement pas!**

18. Quel super-sens aimerais-tu posséder? ◯ L'ouïe   ◯ La vue   ◯ L'odorat

19. Quel accessoire te représente le mieux? . . . .

20. Est-ce que tu le portes en ce moment? ☐ **Bien sûr!** ☐ **Tellement pas!**

1. Mes amis/es m'appellent : (nom) _ _ _ _ _ _ _ _ _ _ _ _ _ _ _ _ _

2. Je me procure ma musique : ◯ Au magasin ◯ Sur Internet ◯ Les deux

3. Décris ton chum en un mot : _ _ _ _ _ _ _ _ _ _ _ _ _ _ _ _

4. Aimerais-tu être D.J. à la radio ? ☐ YEP ! ☐ NOOON !

5. Si oui, quelle musique mettrais-tu ? _ _ _ _ _ _ _ _ _ _ _ _ _

6. T'habilles-tu en vert le jour de la Saint-Patrick ? ☐ YEP ! ☐ NOOON !

7. T'ennuies-tu des jeux d'enfant comme la chasse aux œufs ?
☐ YEP ! ☐ NOOON !

8. Déposais-tu tes dents sous l'oreiller ? ☐ YEP ! ☐ NOOON !

9. Sais-tu ce que veut dire RSVP ?
☐ YEP ! Ça veut dire : _ _ _ _ _ _ _ _ _ _ _ _ _ _ _ ☐ NOOON !

10. Quel est ton truc pour te sortir une chanson de la tête ? _ _ _ _ _ _

11. Qu'est-ce que tu achètes quand t'as envie de faire une folie ? _ _ _ _

12. Es-tu plus : ◯ Émotive ◯ Rationnelle ◯ 50/50 ?

13. Es-tu : ◯ Extravertie ◯ Introvertie ◯ Un peu des deux ?

14. Je préfère :
◯ Faire un pique-nique dans un parc ◯ Faire une grande sortie

15. Le sport le plus ennuyeux à regarder ? _ _ _ _ _ _ _ _ _ _ _ _

16. À quelle célébrité ta meilleure amie te compare-t-elle ? _ _ _ _ _ _

17. As-tu déjà eu une prémonition ? ☐ YEP ! ☐ NOOON !

18. Comment tes parents te décriraient-ils ? _ _ _ _ _ _ _ _ _ _ _ _

19. Tu trouves 50 $. Que fais-tu ? ◯ Tu le déposes dans un compte
◯ Tu le dépenses ◯ Tu essaies de trouver à qui il appartient

20. Quelle émission de télé as-tu regardée hier soir ? _ _ _ _ _ _ _ _

J'aimerais avoir un robot pour lui faire faire les trucs que je déteste !

1. Mon nom à la naissance : _____

2. Comment dépenserais-tu 1000 $ en une journée? _____

3. Nomme un événement que tu as organisé et qui a tourné au vinaigre : _____
_____

4. As-tu un profil sur MySpace? ☐ Ouais ! ☐ Non !

5. Ton personnage de livre préféré? _____

6. Ton groupe de musique préféré à vie?_____

7. Je perds la notion du temps quand : _____

8. Aimerais-tu avoir un robot? ☐ Ouais ! ☐ Non !

9. Tes amies viennent te voir quand elles ont besoin:
   ◯ D'encouragements   ◯ De voir la réalité en face

10. Qu'est-ce que tu fais pendant ton temps libre?_____

11. Parles-tu à ton animal de compagnie comme s'il était un humain?
    ☐ Ouais ! ☐ Non !

12. Es-tu du genre à: ◯ Ressasser le passé dans ta tête
    ◯ Regarder vers l'avant

13. Selon toi, combien de temps durera le monde?_____

14. Une leçon que tu as apprise à tes dépens? _____

15. Où es-tu en ce moment?_____

16. À côté de qui es-tu assise en ce moment? _____

17. Combien de fois remets-tu ton cadran le matin? _____

18. Selon toi, qu'arrive-t-il à l'âme après la mort?_____

19. Es-tu capable de jouer au yo-yo?
    ☐ Ouais ! ☐ Non ! ☐ M'en fiche !

20. Aimes-tu être le centre d'attention? ◯ Toujours
    ◯ Des fois ◯ Jamais

Mon premier mot ?
Fido (le nom de notre chien)

1. Le nom qui apparaît sur ton extrait de naissance : . . . .
2. Journée de la semaine, date et heure de ta naissance : . . . .
3. Ton premier mot ? . . . .
4. La langue que tu trouves la plus jolie ? . . . .
5. Crois-tu que tu contrôles bien ta vie ? ☐ Ouais ! ☐ Non !
6. Lis-tu les infos nutritionnelles des aliments avant de les acheter ?
   ☐ Ouais ! ☐ Non !
7. Avec qui parles-tu des trucs sérieux ? . . . .
8. Que fais-tu quand tu es fâchée ? ◯ Tu cries ◯ Tu pleures ◯ Tu ne dis rien
9. Ton plus beau souvenir ? . . . .
10. Ton pire souvenir ? . . . .
11. Es-tu du genre à : ◯ Prendre une décision rapide
    ◯ Réfléchir avant de prendre une décision ◯ Éviter de prendre une décision
12. As-tu des regrets ?
    ☐ Ouais ! Quoi ? . . . . ☐ Non !
13. Si tu avais une heure de plus par jour, qu'en ferais-tu ? . . . .
14. Décris un samedi matin typique : . . . .
15. As-tu déjà fait un tour d'hélicoptère ?
    ☐ Ouais ! ☐ Non !
16. Nomme un truc que la plupart des gens ignorent à ton sujet : . . . .
17. ◯ J'ai le pouce vert ◯ Je tue tout ce qui pousse
    ◯ Je n'ai jamais eu de plante
18. ◯ Marguerite ◯ Rose ◯ Autre : . . . .
19. Qu'est-ce qui est pire ? ◯ Se couper avec du papier ◯ Se brûler la langue
20. Je suis comme : ◯ Ma mère ◯ Mon père
    ◯ Aucun des deux – Je suis peut-être une extraterrestre !

Un truc légal auquel je suis dépendante ? Le coke diète !

1. Écris tous tes noms : _
2. Un mot pour te décrire ? _ _ _ _ _ _ _ _ _ _ _ _ _ _ _ _ _ _ _
3. ◯ Licorne ◯ Pégase ◯ Dragon ◯ Autre : _ _ _ _ _ _ _ _ _
4. Es-tu déjà montée sur le guidon d'une bicyclette ? ☐ Affirmatif ! ☐ Ben non !
5. Qu'est-ce que tu vois par la fenêtre de ta chambre ? _ _ _ _ _ _ _
6. Quel genre d'élève es-tu ? ◯ Élève modèle
   ◯ Dans la moyenne ◯ Pas super
7. Nomme un truc qui te fait pleurer de rire : _ _ _ _ _ _ _ _ _ _ _
8. Quel est ton superhéros préféré ? _ _ _ _ _ _ _ _ _ _ _ _ _ _
9. Qu'est-ce que tu voudrais que les gens se rappellent à ton sujet ? _ _ _ _ _
10. T'es-tu déjà fait opérer ? ☐ Affirmatif ! Pour quoi ? _ _ _ _ _ _ _
    ☐ Ben non !
11. Ta chanson de film préférée ? _ _ _ _ _ _ _ _ _ _ _ _ _ _ _ _
12. Nomme un truc qui t'étonne au max : _ _ _ _ _ _ _ _ _ _ _ _ _
13. Quelle couleur te va le mieux : ◯ Le rose ◯ Le bleu
    ◯ Le jaune ◯ Autre : _ _ _ _ _ _ _ _ _ _ _ _ _ _
14. As-tu lu un bon livre dernièrement ? ☐ Affirmatif ! Quoi ? _ _ _ _ _ _
    ☐ Ben non !
15. Es-tu capable de siffler une chanson ? ◯ Bien sûr ! ◯ Un petit peu
    ◯ Pas du tout
16. Un mot pour décrire les filles : _ _ _ _ _ _ _ _ _ _ _ _ _ _ _ _
17. Un mot pour décrire les gars : _ _ _ _ _ _ _ _ _ _ _ _ _ _ _ _
18. À la montagne, tu aimes : ◯ Faire cuire des guimauves au-dessus du feu
    ◯ Escalader les rochers ◯ Faire de la randonnée
19. Nomme un truc légal auquel tu es dépendante : _ _ _ _ _ _ _ _ _ _
20. Le film le plus bizarre que tu aies vu ? _ _ _ _ _ _ _ _ _ _ _ _ _ _ _

Un mot
que j'écris
toujours mal?

NÉCESSAIRE

1. Ton nom de famille : _____

2. Ce que tu veux faire quand tu seras plus grande : _____

3. As-tu déjà participé à une compétition? ☐ oui, quoi? _____ ☐ non

4. As-tu gagné? ☐ oui, quoi? _____ ☐ non

5. Décris un dimanche matin typique : _____

6. De quoi es-tu particulièrement fière? _____

7. Nomme un mot que tu écris toujours mal : _____

8. As-tu peur des hauteurs? ☐ oui ☐ non

9. Ta sorte de gomme ou de menthe préférée : _____

10. Es-tu capable de manger avec des baguettes? ☐ oui ☐ non

11. Quel est ton parfum? _____

12. ◯ Gâteau au chocolat avec glaçage chocolaté

    ◯ Gâteau des anges avec des fruits?

13. ◯ Crayon ◯ Crayon à mine ◯ Stylo à bille ◯ Crayon-gel

14. Qu'est-ce qui est pire?

    ◯ Mal de tête ◯ Mal de dents ◯ Mal de ventre ◯ Mal de dos

15. Que choisirais-tu entre : ◯ Une moyenne de 100 % pendant un an

    ◯ Passer une année entière en compagnie du gars qui fait battre ton cœur

16. Quel est le bijou que tu portes le plus? _____

17. Qu'est-ce que tu préfères à propos de l'été? _____

18. ◯ Thé vert ◯ Thé chaud ◯ Thé glacé ◯ Biscuits à thé

19. As-tu déjà fait cuire un gâteau? ☐ oui ☐ non

20. Crois-tu : ◯ Au destin ◯ En Dieu ◯ En toi?

Mon délice glacé préféré ?

Une sucette glacée à l'orange !

1. As-tu un prénom? ☐ **Oui**, je m'appelle: . . . . ☐**Non**

2. Si tu pouvais pouvais assister à un seul concert cette année, lequel choisirais-tu? . . . .

3. Décris la montre que tu portes au poignet: . . . .

4. Classe ces animaux en ordre de préférence: ◯ Aigle ◯ Cheval ◯ Guépard ◯ Dauphin ◯ Cochon

5. Es-tu bonne pour conter des blagues? ☐**Oui** ☐**Non** 😊

6. Tu crois que la vie est: ◯ Juste ◯ Injuste ◯ Ça dépend de toi

7. Quel rôle aimerais-tu interpréter?
   ◯ Une jeune fille en détresse ◯ Un superhéros ◯ Un méchant

8. Ta plus grande question existentielle? . . . .

9. As-tu déjà fait partie de la pièce de théâtre de l'école?
   ☐ **Oui** Quel rôle y as-tu joué? . . . . ☐ **Non**

10. Écoutes-tu: ◯ Les paroles de la musique ◯ Juste la mélodie?

11. As-tu un dessin animé préféré? ☐ **Oui** Lequel? . . . . ☐ **Non**

12. Qu'est-ce qui est le plus mignon? ◯ Des chiots
    ◯ Des chatons ◯ Autre: . . . .

13. Ton personnage préféré dans un film d'animation? . . . .

14. L'animal le plus bizarre que tu aies vu? . . . .

15. ◯ Turquoise ◯ Fuchsia ◯ Vert menthe ◯ Noir
    ◯ Crème ◯ Violet

16. Ta marque de vêtements préférée? . . . .

17. Ta boisson froide préférée? . . . .

18. Tes amis/es te décrivent comme étant: ◯ Gentille ◯ Fiable ◯ Fofolle

19. Ton délice glacé préféré? . . . .

20. Qu'aimerais-tu faire dans 10 ans? . . . .

Quel truc ton animal sait-il faire?
Mon chat rapporte la balle!

1. Je m'appelle: _ _ _ _ _ _ _ _   J'aimerais m'appeler: _ _ _ _ _ _ _ _

2. Te sens-tu mal pour les mauvais chanteurs qui auditionnent à *American Idol*?
   ☐ **Oui** ☐ **Pas vraiment**

3. Quand tu parles au téléphone: ◯ Tu marches de long en large
   ◯ Tu gesticules avec les mains ◯ Tu fais les deux

4. Est-ce que tu ris quand tu te frappes le coude? ☐ **Oui** ☐ **Pas vraiment**

5. Où aimes-tu passer tes vacances?
   ◯ Dans une grande ville ◯ Sur une plage ◯ Dans un autre pays

6. Aimes-tu lire de la poésie? ☐ **Oui** ☐ **Pas vraiment**

7. Tu es reconnue pour: ◯ Ton sens de l'humour ◯ Ton bon goût ◯ Ton talent?

8. À quel duo célèbre ta meilleure amie et toi ressemblez-vous le plus?
   ◯ Batman et Robin ◯ Scooby et Shaggy

9. Tu aimes: ◯ Mettre un peu de maquillage ◯ Mettre beaucoup de maquillage

10. Es-tu: ◯ Mademoiselle Aventure ◯ Mademoiselle Leader
    ◯ Mademoiselle Informée

11. Ton légume préféré? _ _ _ _ _ _ _ _ _ _ _ _ _ _ _ _ _ _

12. ◯ Restaurant-minute ◯ Restaurant thématique ◯ Restaurant chic?

13. Que fais-tu quand tu n'arrives pas à dormir?

14. Ton auto de rêve est: ◯ Un méga-utilitaire sport
    ◯ Une mini-auto sport ◯ Une limousine

15. ◯ Mac ◯ PC?

16. As-tu déjà fait partie d'un fan-club? ☐ **Oui** Lequel? _ _ _ _ _ _ ☐ **Non**

17. As-tu l'autographe d'une célébrité? ☐ **Oui** Qui? _ _ _ _ _ _ ☐ **Non**

18. Oses-tu le dire quand quelqu'un a de la nourriture coincée entre les dents?
    ☐ **Oui** ☐ **Non**

19. Ton animal de compagnie sait-il faire un truc vraiment cool?
    ☐ **Oui** Quoi? _ _ _ _ _ _ _ _ _ _ _ _ _ _ _ _ _ _ ☐ **Non**

20. Ta décoration murale préférée? _ _ _ _ _ _ _ _ _ _ _ _ _ _ _ _ _ _

Es-tu coke ou pepsi? 2